폭력 없는 평화로운 학교 만들기

초등학생을 위한

학교폭력상담

폭력 없는 평화로운 학교 만들기

초등학생을 위한

학교폭력 상담

장희화 · 최선미 · 황은경 · 박성희 공저

학지사

머리말

'중학생 또 투신자살'

아침 신문에 대서특필되고 텔레비전과 라디오 방송을 떠들썩하게 만든 학교폭력 사건이다. 학교폭력이 온 국민이 걱정하는 사회 문제로 부각되고, 이에 대한 대책을 마련하느라 국회, 교육과학기술부 그리고 학교현장이 분주하게 움직이는 가운데 터진 사건이다. 학교폭력의 뿌리가 상당히 깊을 뿐 아니라 결코 쉽게 해결할 수 있는 문제가 아니라는 사실을 여실히 보여 주는 사례다. 학교교육의 패러다임을 이대로 둔 채 과연 학교폭력을 근절할 수 있을까?

학교폭력의 실상을 알리는 통계수치들은 특히 중학교에서 학교폭력의 발생 빈도와 피해 정도가 매우 심각함을 보여 준다. 학교폭력으로 인해 극단적인 선택을 하는 학생들도 대부분 중학생이다. 하지만 여기서 간과하지 말아야 할 사실은 중학교는 초등학교의 연장이요, 아이들은 초등학생을 거쳐서 중학생으로 성장한다는 점이다. 다시 말해, 중학생 때 절정을 이루는 학교폭력은 이미 초등학교 때부터 시작되고 있다. 청소년폭력예방재단에서 조사·발표한 2011 전국 학교폭력 실태에서 73%의 학생들이 학교폭력 피해를 처음으로 경험한 시기가 초등학교 때라고 응답하였다. 사정이 이렇다면 학교폭력에 대한 예방교육과 대책은 학교폭력이 시작되는 시점인 초등학교에서 집중적으로 이루어져야 마땅하다.

지금까지 인류가 발명한 최고의 교육방법은 모델링이라는 말이 있다. 가르치는 사람과 직접 마주치면서 그 사람 전체를 본을 삼는 교육방법이 최고라는 뜻이다. 이런 점에서 중·고등학교 교육과 달리 초등학교 교육은 특별한 의미를 갖는다. 초등학교 교육에서 교사는 단순히 지식을 가르치는 사람이 아니라 아이들의 삶을 가르치는 사람이다. 그리고 이 과정에서 아이들의 교과서는 교사가 살아가는 삶 그 자체다. 그렇다면 초등학교에서 전개되어야할 학교폭력 예방과 대책 역시 여기에 초점을 맞춰야 한다. 법령을 바꾸고, 특강을 하고, 지역인사를 끌어들이고 상담을 강화하는 것도 중요하지만, 초등학교 교육을 걸머지고 있는 초등교사의 삶이 바뀌지 않는 한 그 모든 노력이 공염불이 될 수 있다. 지금처럼 초등학교 교사들이 이런저런 경쟁에 내몰리고 잡무와 행정 처리를 하느라 늘 바쁘게 움직이며 아이들과 함께할 시간을 내지 못한다면 학교폭력은 지금과 달라지지 않을 것이다. 멀어 보일지 모르지만, 초등학교 교사들이 일상적인 학교생활에서 아동을 존중하는 인격적인 만남을 실천하고, 함께 사는 삶의 소중함을 온몸으로 실행해 나갈 때 비로소 학교폭력은 잠잠하게 가라앉을 수 있을 것이다. 학교폭력이라는 발등의 불을 끄기 위해 사후대책과 단기적 처방에 힘을쏟는 일도 소홀히 할 수 없지만, 학교교육, 특히 초등학교 교육을 인간교육 중심으로 정상화하는 일이 무엇보다 중요하다. 이 일을 해낼 수 있는 사람들이 초등학교 교사라는 사실은 더말할 필요도 없다.

이 책은 학교폭력을 가하는 아동과 당하는 아동 모두를 돕기 위하여 초등학교 현장에서 발생하는 폭력 사례를 모아 놓고 그에 대한 대책을 담아 놓은 일종의 사례집이다. 현장교사들 중에는 아동들의 문제행동을 창의적으로 해결하는 분들이 있다. 우리 집필진은 이런 사례들을 적극적으로 발굴하여 소개함은 물론 좀 더 구체적이고 세련된 전문상담기법을 적용하여 학교폭력에 보다 쉽고 빠르게 접근할 수 있는 방안을 제시하였다. 이 책은 실제 발생한 학교폭력 사례를 다루었다는 점에서 초등학교 현장에서 학교폭력에 골머리를 앓고 있는 교사들에게 실제적인 도움을 줄 수 있을 것이다. 특히 학교에 익숙하지 않은 초임교사들에게 큰 도움이 될 것이다.

이 책은 사례집을 구성하는 전통적인 방식을 탈피하여 백과사전식 접근을 채택하셨다. '적게 깊이'보다는 '많게 간략히'를 선택한 것이다. 하지만 각 사례에 대처하는 방법을 일반적인 전략과 구체적인 전략으로 나누어 상세히 제시함으로써 실제 상황에 부딪쳤을 때 훨씬 유용한 정보를 담았다. 읽다 보면 더러 중복된 부분을 발견할 수 있겠지만 이 사례집이 실제 상황에 대한 처방전 역할을 염두에 두고 제작되었다는 점을 기억하고 양해해 주기 바란다. 끝으로, 이 책은 '선생님은 해결사 시리즈 중 폭력행동 편'을 재구성하였으며, 이 사례집에 등장하는 모든 사람의 이름은 가명임을 밝혀 둔다.

집필진 일동

차 례 contents

제3부 욕을 해도 아픈 마음

너희가
내 맘을 알아 }

기분 내키는 대로 하는 아이

세상에 무서운 게 없는 아이

새엄마에게 적응 못하고 일탈행동을 하는 아이

폭발적인 감정 상태를 보이는 아이

사이버상에서의 나쁜 감정이 현실의 폭력이 된 아이

1

기분 내키는 대로 하는 아이

no.1 내가 뭘 잘못 했는데

자기 마음이 불편하면 남의 물건을 함부로 하거나 때리는 아이

타인으로 인해 자신이 조금만 불편해도 상대방의 물건을 마구 취급하거나 소리 지르고 폭력까지 행사하는 경우다.

민욱이는 평소 학급 일에 무관심하고 폭력을 대수롭지 않게 여기는 5학년 남자아이다. 또한 수업 태도는 매우 산만하고 수업에는 관심조차 없어 교과서를 꺼내놓지 않는 경우가 많다. 친구들에게 충동적으로 잘못을 하고도 사과나 잘못을 인정하는 일이 없다.

교사의 대처

담임교사는 민욱이가 옳고 그름을 판단할 능력이 부족하고 자신의 마음이 불편하면 아무생각 없이 행동한다는 것을 알고는 있었으나 지도 방법을 몰라 사건이 발생할 때마다 적당히 처리했다. 이번 일에서도 자신의 기분이 나쁘면 친구의 물건을 마음대로 하거나 때려도 된다고 여기며 당당해하는 모습에 속으로는 당황하였다. 간신히 싸움을 말리고 수업이 끝난 후 친구 사이나 어떤 관계에서건 큰 잘못이 있더라도 때리는 일은 잘못이라고 이야기하였다. 더구나 본인에 의해 시작된 문제였기 때문에 잘못을 깨닫게 해 주려고 여러 가지 이야기를 했으나 잘못했다는 것을 전혀 수긍하지 않고 묵비권마저 행사하였다.

 평소에도 학급 일에 무관심하고 참여도가 낮아서 관심을 갖도록 노력하고 꾸중도 하였으나 그다지 달라지지 않았다. 잊을 만하면 말썽을 일으키니 민욱이를 곱게 보기 어려웠다.

교사의 대처 방법 분석

_ 가방을 쓰레기통에 넣기 전에 먼저 할 수 있는 방법을 말해 주었다.

_ 누군가 때문에 자신이 조금 불편하다거나 일부러 괴롭히려고 한 일이 아닌 경우, 또 상대방이 잘못을 했다고 하더라도 때리는 것은 잘못이라는 것을 일러 주었다.

_ 평소에 학급 일에 관심을 갖도록 지도에 힘썼다.

개선할 점

_ 아이의 잘잘못을 가리기 전에 불편했을 마음을 먼저 인정해 주는 것이 필요하다.

_ 아이가 화가 나서 한 말에 교사가 즉각적인 반응을 보이는 행동은 자제하여야 한다.

_ 우선 싸움을 말리고 아이의 감정을 누그러뜨려야 한다.

_ 부모와의 상담이 필요하다.

_ 갈등을 건설적으로 해결하는 방법을 지도할 필요가 있다.

상담적 접근

민욱이가 잘 수행할 수 있는 학급 일을 맡긴다. 평소에 학급 일에 무관심하였다는 것은 민욱이가 하는 일에 친구들이나 담임교사가 관심을 가지지 않았을 가능성이 높다. 또한 모둠활동이나 학급의 중요한 일에 참여시키지 않음으로써 자연스럽게 이런 행동이 학습되기도 했을 것이다. 그러므로 민욱이가 할 수 있는 일들을 모둠이나 학급에서 하도록 하고 작은 일이라도 칭찬해 나간다면 민욱이는 자신이 모둠이나 학급의 일원으로서 중요한 역할을 하고 있음에 자부심을 가질 것이다.

민욱이가 역할을 수행했을 때는 미소짓기, 머리 쓰다듬기, 토닥거리기, 손 잡아주기, 칭찬하기 등의 반응을 보여 앞으로도 더욱 잘해 나갈 수 있는 태도를 형성하도록 한다. 특히 다음과 같이 학급 일을 수행했을 때를 골라서 칭찬한다.

- "민욱이가 모둠활동하는 걸 보니 선생님이 행복하구나."
- "민욱이 때문에 교실이 많이 깨끗해졌어."
- "네가 도와줘서 선생님이 많이 편한데."

• "내일 또 도와줄 거지?"

　　교사에게 도움이 되는 일을 더 많이 부여하고 적절히 칭찬한다. 이는 교사와 친밀감을 형성하여 교사와 상담 시에 묵비권을 행사하는 것을 막을 수 있는 바탕이 될 수 있다. 교사를 돕는 일로는 텔레비전 켜고 끄기, 다른 학급으로의 심부름 가기, 과제 결과물 나누어 주기, 방과 후 교사 일 거들기, 유인물 나누어 주기 등이 있다.

　　부모와의 상담에서 민욱이가 보이는 행동 특성에 영향을 줄 만한 배경이 있는지 파악하고 상황에 맞는 적절한 도움을 준다.

구체적인 전략

　　다음 방법은 매우 심한 폭력이 아닌 경우에 활용하면 좋다. 교사 개인의 특성을 살린 유머를 사용하여 중재자가 되어 주되 일일이 간섭하거나 교사가 판단을 내리지 말고 과정마다 아동들이 스스로 풀어 가도록 촉진자 역할에 주력한다. 상대방과는 앞으로도 학교에서 오랫동안 생활해야 하므로 사이좋게 지낼 수 있는 방향으로 갈등을 풀어 가야 한다.

[폭력적인 행동을 멈추게 하고 감정 누그러뜨리게 하기]

폭력적인 행동을 보이며 싸우는 아동들은 서로 격앙된 감정이 누그러져야 사과를 하거나 교사의 지도를 받아들일 수 있다. 가장 우선해야 할 일은 싸움을 멈추게 하는 것이다. 크고 단호한 목소리로 "그만 싸워, 그만 싸워."라고 하며 일단 싸움을 멈추게 하고(이때 필요하면 '학급 수호대'처럼 만들어 놓은 학급 조직을 활용할 수도 있다) 코믹한 방법이나 유머를 이용하여 감정을 누그러뜨려 준다. 예를 들면, 교실 한 곳을 권투장으로 설정하고 담임이 라운드 걸 역할을 하며 아이들은 청·홍 코너에 앉게 한다. 담임교사가 "아직 다 하지 못한 싸움을 더 해."라고 코믹한 말투를 써 가며 아이들을 부추기면 혼이 날 것을 예상했던 아이들은 잠시 멍하니 있다가 우스워서 싸움을 더하지 못한다. 이는 갈등 해결의 분위기가 조성된 것이다.

[싸움이 일어난 이유 알아보기]

격앙된 감정이 사그라진 상태에서 꾸중하는 기색 없이 이유를 물어보면 아이들은 솔직하게 이야기하는 경향을 보인다.

[아이들 스스로 시시비비를 가리게 하기]

교사는 경찰관이 아닌 중재자이므로 교사가 개입하여 시비를 가리지 말고 서로를 배려하면서 스스로 판단하여 가려 낼 기회를 준다.

[사과하게 하기]

아동들 스스로 시시비비를 가렸다면 서로에게 사과하도록 한다. 시시비비의 내용을 교사가 굳이 알아야 할 필요는 없다.

[갈등 해결 과정 물어보기]

교사는 아동들이 어떤 이야기를 어떻게 나누었고 결론은 어떻게 나왔는지를 질문하고 스스로 협의하여 갈등을 해결한 것에 대해 칭찬을 해 준다.

[갈등 중재 양식지 사용하기]

앞의 과정이 통하지 않는 경우에는 아동들의 격앙된 감정을 누그러뜨린 후 갈등 중재 양식지를 활용한다.

갈등 중재 양식지

갈등 해결을 위한 학교폭력 예방(추병관, 김영은 역, 2000)

① 당신은 누구와 갈등하고 있습니까?

② 당신은 상대방에게 무엇을 원합니까?
  • 상대방의 어떤 행동이 당신을 화나게 했습니까?
  • 그때 당신의 느낌은 어떠했습니까?

---

③ 상대방이 당신에게 원하는 것은 무엇입니까?

　• 당신의 어떤 행동이 상대방을 화나게 했습니까?

　• 그때 상대방은 어떤 느낌이었을까요?

④ 갈등을 해결하고 두 사람이 사이좋은 관계를 만들려면 어떻게 해야
　할까요?

　•

　•

⑤ 상대방에게 하고 싶은 말이 있습니까?
　(여기까지 쓰고 난 뒤 교환하여 읽게 한 뒤 다시 ⑥번을 작성한다.)

⑥ 상대방의 글을 읽고 어떤 생각이 들었습니까? (여기까지 쓰고 난
　뒤 교환하여 읽게 한 뒤 다시 ⑦번을 작성한다.)

⑦ 앞으로 이런 일이 다시 발생하면 어떻게 하겠습니까?

　•

　•

　여기까지 작성한 후 2장씩 복사하여, 서로 한 장씩 나누어 갖고 담임교사는
원본을 가지고 다음에 같은 일이 반복될 때 지도 자료로 활용한다.

세상에 무서운 게 없는 아이

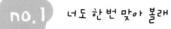

no.1 너도 한번 맞아 볼래

no.2 당장 이애 부모 데려와

폭력을 서슴지 않는 아이

자신과 놀아 주지 않고 마음에 들지 않을 때, 자신이 시키는 일을 하지 않을 때도 심하게 때린다. 학교에서 쉬는 시간은 물론 등·하교 시간에도 심한 경우다.

영민이는 지능은 높으나 친구·선후배를 가리지 않고 어디서나 폭력을 행사하는 초등학교 5학년 남자아이다. 특별한 이유가 없어도 마음에 들지 않으면 시간과 장소를 불문하고 폭력을 행사한다. 다른 학부모는 학년이 올라갈 때면 자기 아이가 영민이와 같은 반이 될까 두려워하고 부모조차 영민이를 감당하지 못한다. 담임교사가 야단을 쳐도 섬뜩한 눈빛으로 노려보기 때문에 두렵기까지 하다.

 교사의 대처

어머니를 통해 영민이의 폭력은 난폭한 할아버지·아버지의 행동을 오랫동안 보고 배운 결과며, 어머니 혼자 지도하는데다가 지도에 한계가 있어 포기한 상태라는 것을 알았다. 또한 집에 가면 자신을 따뜻하게 돌봐 주거나 함께 놀고 학습할 사람이 없어 밖으로 돌다가 나쁜 짓에 빠져들었다고 한다.

교사는 혼자의 힘으로 감당할 수 없어 교장선생님께 도움을 구하였으나 뾰족한 방법 없이 무조건 사랑으로만 감싸 주라고 하였다.

담임교사는 방과 후의 학원 근처, 동네, 학교 근처에서 일어나는 폭력방지를 위해서 다른 아이들을 먼저 보내고 영민이의 폭력행동, 과제 해결하기, 가정 이야기, 친구들과의 관계 등을 이야기하면서 많은 시간을 함께 보낸 후 집으로 보냈다. 또한 태권도장 관장에게 특별히 부탁을 하여 폭력행동을 다른 방향으로 유도하였다.

칭찬과 함께 다양한 지도를 한 결과 학년말이 되자 폭력행동은 차츰 줄어들기 시작했다. 그러나 담임교사는 결혼을 이유로 전근을 하게 되었다. 몇 년이 지난 뒤 6학년 때는 전교에서 가장 무서운 선생님 반에 배치되어 매일 맞으면서 졸업을 했고, 깡패들과 연계하여 행동을 하던 중학 2학년 때에는 퇴학을 당했다는 안타까운 소식을 접하게 되었다.

교사의 대처 방법 분석

_ 부모로부터 아이의 가정환경을 정확하게 파악하였다.
_ 하교 후에 교사가 매우 적극적이고 지속적이며 다양한 방법으로 지도하였다.
_ 학교장 및 태권도장 관장 등 주변인을 이용하여 폭력행동을 줄이고자 하였다.
_ 폭력행동을 건전한 행동으로 유도하였다.

_ 학급 아이를 활용한 교내 폭력방지 노력이 필요하다.

_ 폭력행동을 줄이기 위한 전문적인 방법의 연구가 필요하다.

_ 아이의 부모에게 전문상담가를 활용할 기회를 제공할 필요가 있다.

_ 아이가 6학년이 되기 전에 관리자나 학년 부장교사에게 아이의 상황을 이야기하고 가장 무서운 교사가 아닌 아이의 특성을 이해하고 배려하여 지도할 수 있는 교사를 배치하도록 고려했어야 한다.

상담적 접근

영민이는 가족 구성원의 특성 때문에 따뜻한 인간관계를 가지지 못할 뿐 아니라 자신의 폭력성으로 인해 학급의 아이들과 친하게 지내지도 못하는 아이다. 따라서 친구들과 사이좋게 지내는 방법을 가르쳐 주는 일, 폭력이 가져다주는 여러 가지 부작용을 지도하여 폭력방지에 노력해야 한다.

폭력적인 아이에게 교사가 할 수 있는 방법

- 아이가 폭력행동을 하지 않을 때, 남을 돕고 있을 때, 남과 친하게 지낼 때 등 급우들과 잘 지내는 장면을 살펴두었다가 칭찬 등의 따뜻한 관심을 보여 준다.
- 쉬는 시간, 점심시간에도 폭력적인 아이와 함께하는 시간을 많이 가져서 다른 아동에게 폭력을 행사할 시간을 줄인다.
- 방과 후에 폭력행동을 많이 하므로 학급이나 학교의 친구들이 모두 갈 때까지 남겨서 교사의 일 돕기(청소, 교실 정리, 과제물 정리 등), 과제 도와주기, 가족 이야기, 폭력의 나쁜 점 등을 이야기한다.
- 아이의 정서적 특성을 순화시킬 수 있는 책을 읽고 교사와 이야기를 나누도록 권장한다.
- 학년말에 관리자에게 아이의 특성을 자세히 알리고 배려하여 학급을 배치할 때 참고하도록 한다.

가정에서의 관심과 도움

- 등교 때에도 다른 아이들을 괴롭히므로 등교시간엔 어머니가 학교에 데리

고 오도록 한다.

- 할아버지·아버지와의 접촉보다는 아이를 사랑하고 배려하는 친척을 자주 만나 인정받을 수 있는 기회나 사촌들과의 교류를 통해 따스한 인간관계를 다져 나갈 수 있는 기회를 평소보다 많이 만들어 준다.
- 어머니만이라도 아이의 입장을 이해하고 의견을 들어주며, 아이의 말과 행동이 보내는 메시지에 주의를 기울이도록 한다. 뿐만 아니라 가정에서 아이가 할 일을 주어 존재감을 갖도록 하고 실천했을 때 다양하게 보상하도록 권한다.
- 아이는 활동이 왕성하고 힘이 세므로 힘을 활용하여 즐기거나 기능을 강화시켜 보람을 가질 수 있는 운동 등을 시키도록 권장한다.
- 전문상담가에게 가족치료 받기를 권장한다.

🩶 학급 아이들과 할 수 있는 방법

- 폭력방지를 위해 쉬는 시간과 점심시간 그리고 운동장 등에서 영민이의 행동을 살피고 지도할 수 있는 팀을 운영한다.
- 쉬는 시간, 수업시간에 아이 혼자서 밖에 나가는 일이 없도록 한다.
- 학급의 아이들이 혼자 밖에 나가서 영민이에게 당하는 일이 없도록 한다.
- 수업시간, 쉬는 시간 등 학교에서의 폭력예방을 위해 좋아하는 친구와 함께 앉게 하고 방과 후에도 숙제를 돕도록 하여 폭력을 행사할 시간도 줄이

고 학습에도 관심을 갖도록 한다(교사는 짝꿍이 되어 줄 친구에게 영민이를 배려하려는 방법 등에 대한 특별지도가 필요하다).

• 학급의 폭력선도위원 역할을 준다. 폭력적인 아이들이 대개는 보통의 아이보다 마음이 약하고 남에게 인정받기를 원하는 경향이 크기 때문에 큰 역할을 주면 곧잘 수행해 낸다. 자주 역할 수행에 대한 이야기를 나누며 폭력행동의 나쁜 점을 이야기한다.

• 폭력추방 행사를 다양하게 실시하고 결과물을 교실에 부착하여 주의 깊게 살펴보게 한다(표어, 포스터, 자기주장, 폭력방지 구호, 폭력 시청각 자료 활용 등).

 폭력행동에 대한 대화 나누기(청소년폭력예방재단, 1996)

• 영민이는 죄책감이 없는 아이이므로 전체 학생들에게 폭력의 실제 사례 들기, 시각자료 활용, 역할극 등을 여러 차례에 걸쳐 실시한 후 폭력문제 의 대처 방안에 대해 쓰도록 하고, 이를 발표하여 간접적으로 급우들의 비판을 듣게 한다. 아울러 각 활동마다 영민이와 따로 시간을 갖고 영민 이의 생각은 어떠한지 알아보고 반성의 기회를 주며, 따뜻하지만 엄중하

게 비판을 한다.

- 폭력행동 예방을 위하여 서약서를 작성한다. 서약서에는 폭력을 행사하는 경우 받게 되는 벌의 내용(벌의 내용은 아이가 좋아하는 행동을 못하게 하는 내용도 포함시킬 수 있다)을 정하여 철저히 지켜 나가도록 한다.

- 그때 그때 보이는 폭력행동의 유발 원인이 무엇인지 파악하고 상황에 맞게 대처하되, 야단을 치기보다는 인간적인 측면을 고려하여 충분한 이해와 배려를 통해 폭력행동의 원인을 줄여 가도록 한다.

- 폭력행동 원인의 변명을 들어주면서 그렇더라도 방법상에 문제가 있었음을 지적하고 피해자의 괴로움, 또 영민이가 저지른 일에 대해 책임지고 걱정하셔야 하는 부모님의 입장에 대해 객관적 증거를 들어 설득한다.

새엄마에게 적응하지 못하고 일탈행동을 하는 아이

no. 1 경란이가 어떤 아이인 줄 아세요

도대체 담임이 어떻게 생활지도를 하기에 아이들이 학교에 가기를 무서워합니까?

뭐라고요?

이 반에 경란이란 아이가 있지요?

그런데요?

경란인가 뭔가 하는 계집애가 놀이터나 공원에서 애들을 자주 때려서 이 반 아이들이 학교 가기 무섭다고 난리가 났어요..

그거 선생님은 알기나 하세요?

아니, 그런 일이 있었다고요? 처음 듣는 이야기입니다.

애들이 당하고도 경란이가 말을 하면 죽인다고 해서 한마디도 못하고 있는 겁니다.

너 언제 놀이터나 공원에서 친구들을 때린 적 있니?

없는데요.

어제 학부모들이 쫓아와서 네가 무슨 일을 했는지 다 얘기하고 갔어, 무슨 잘못을 했는지 솔직이 말해.

애들이 제 말을 듣지 않고 피하길래 화가 나서 그런 거예요.

얼마나 때렸길래 학부모가 쫓아오게 만들어?

나랑 같이 놀자고 했는데 다들 아무 말도 안 하고 그냥 가서 살짝 때린 건데…….

살짝? 몇 대 때렸어?

그냥 한 번 밖에 안 때렸는데…….

학교에 이르면 죽인다고 협박도 했다면서?

그런 적 없는데…….

너랑은 얘기가 안 되겠다. 어떻게 된 일인지 부모님이랑 얘기해야겠어.

엄마와 이혼 후 재혼한 아버지를 이해하지 못하고, 아버지에게서 예전과 같은 사랑을 받지 못하고 있다. 또 새엄마와 적응하지 못해 여러 가지 일탈행동을 보이는 경우다.

경란이는 4학년 때 부모의 이혼 후 새엄마와 적응하지 못하는 6학년 여자아이다. 학급 친구들은 담임교사보다 경란이를 더 무서워했는데, 방과 후 공원이나 놀이터 등에서 친구들이 자기가 시키는 대로 하지 않으면 폭력을 행사하고 집이나 학교에 얘기하면 가만두지 않겠다고 위협을 하곤 하였기 때문이다. 술과 흡연이 습관화되었고, 불량선배, 이성 친구들과 어울려 다니며 집에 들어가지 않는 등의 행동을 보였다.

교사의 대처

아이가 거짓말을 하고 있음을 알고 피해 입은 아이들과 이야기를 해 보니 아주 심각한 정도로 여러 가지 문제를 일으키고 있었다. 새엄마가 학교에 오기를 싫어하여 찾아가 아이문제를 상의했으나 새엄마는 알았다고는 하지만 남편에게 미루기만 하고 남편은 아이가 차츰 새엄마에게 적응할 테니 괜히 남의 집안 일에 참견 말라고 하였으나 아이의 문제에 대해서는 관심은 있는 듯하였다. 그렇다고 담임교사의 입장에서 아이를 모른 체 할 수는 없었다.

경란이와 수차례 면담 결과 경란이는 감수성이 예민한 시기에 엄마 아빠의 사랑과 이해를 받지 못하고 있어 일탈행동을 하고 있는 듯했다. 담임교사 혼자라도 고쳐보겠다는 마음으로 방과 후부터 줄곧 함께 생활하고, 퇴근하면 영화관, PC방, 오락실도 함께 가고, 먹고 싶은 것도 자주 사 주었다. 그러나 자기가 원하는 것을 해 주니 경란이는 담임이 해 주는 것을 당연한 것으로 여기고 노골적으로 필요한 것을 요구하기도 하였다. 그럼에도 폭력은 크게 줄지 않아 아예 담임교사의 집으로 데리고 가 자식처럼 함께 생활하며 교회도 데리고 다녔다. 그러나 학교에서의 폭력은 별 차이가 없었다. 그래도 포기하지 않고 사랑으로 대하였더니 나중에는 눈물을 흘리면서 잘못을 사죄하고 폭력을 줄이게 되었다.

교사의 대처 방법 분석

잘한 점

_ 방과 후에 담임교사가 함께 행동함으로써 아이가 학급 아이들, 불량선배, 이성 친구와의 만남을 차단하여 문제 발생을 줄였다.

_ 퇴근 후 아이가 좋아하는 활동을 함께함으로써 아이의 눈높이에서 이해하려고 노력하였다.

_ 아이의 마음을 이해하지 못하는 부모를 대신하여 사랑과 관심을 주었다.

_ 인내심을 가지고 다양한 방법을 동원하여 폭력을 삼가도록 하였다.

_ 담임교사와 아이의 대화에서 담임교사는 아이를 죄인 취조하듯이 잘못을 시인하도록 강요하는 등 험악한 분위기를 만들어 아이가 계속 거짓말을 하도록 이끌어가고 있다.

_ 고학년의 경우엔 폭력에 관한 설문지를 통해 자주 학급 분위기를 파악하고 평소의 생활지도에 활용할 필요가 있다.

_ 아버지를 아이의 문제 해결에 끌어들이는 노력이 필요하다. 아버지가 아이 문제로 고민한다는 것을 알았으면 적극적으로 상담에 끌어들일 필요가 있는데 담임교사 혼자 아이 문제를 해결하려고 많은 시간을 들여 고생한 점이 안타깝다. 아이의 문제가 담임교사의 노력으로 개선되었다고는 하지만 부모와 함께하지 않았으므로 가정으로 완전히 돌아가면 같은 문제가 또 발생할 가능성이 매우 크다.

_ 부모가 함께 참여하는 가족상담을 권하여 아이의 문제를 함께 풀어 가도록 권장할 필요가 있다.

상담적 접근

일반적으로 할 수 있는 관심과 배려

학급 아이들과 함께하거나 교사의 개인지도는 경란이가 폭력행동을 줄이는 데 초점을 맞추어 지도한다.

- 담임교사는 경란이를 이해하지 못하는 부모 대신 경란이의 마음을 읽어 주고 입장을 이해해 준다.
- 초등학교 고학년이 되면 개인 특성이 강하게 드러나면서 폭력행동을 보이는 아동들이 나타난다. 따라서 주기적으로 학급 실태를 조사할 수 있는 설문지(특히 폭력 설문지)로 폭력학생으로부터 학급 아이들을 보호하고 폭력이 발생하는 상황을 미리 막는다.
- 허용적인 분위기를 조성하여 학급에서 일어나는 부정적인 일들은 작은 일이라도 교사에게 알리도록 하고 교사는 비밀을 유지하며 생활지도에 힘쓴다. 친구들의 나쁜 행동을 말하는 것은 고자질이 아니라 좋은 학급을 만들기 위한 방법임을 지도한다.
- 아버지로 하여금 아이에게 자신과 아이 어머니가 헤어진 것에 대해 이해를 시키도록 한다. 부부는 사랑해서 결혼하지만 아이가 친구들과 잘 놀다가도 심하게 다투면 절교하는 것처럼 부부에게도 사정이 생기면 이혼할 수도 있다는 것을 아이가 이해하게 한다. 그리고 부부의 이혼으로 인한 상처는 이혼 당사자들보다 아이에게 더 치명적이므로 아버지에게 전보다 더 많은 관심으로 아이의 요구를 알아보고 가능한 한 받아들여 주도록 부탁한다.
- 친엄마가 자신을 버리지 않았음을 인식하도록 자주 만나게 하여 아이가 마음을 잡고 자신의 일을 자신 있게 해 나아갈 수 있도록 배려한다.
- 지금 상황을 그대로 두었을 때 아이가 앞으로 세상을 어떻게 살아가야 할지에 대해서 의논한다.

- 아이가 심리적 안정을 찾을 때까지 엄마의 역할을 대신해 줄 친척을 활용하도록 한다.
- 전문상담교사 또는 전문상담가와 가족상담을 권유한다.

 이혼가정 아동의 심리적 · 정서적 위기극복을 위한 방법(박영희 외, 2004)

경란이는 오랫동안 부모의 불화를 봐 왔고 부모의 이혼 후 재혼에 이르러 지금의 상황에 처하는 동안 마음의 상처를 아주 많이 입었다. 따라서 담임교사와의 대화가 결코 쉽지 않을 것이다. 그러므로 오랜 시간이 걸리더라도 충분히 이해하고 공감하며 경란이의 말을 들어주면서 자신이 처해 있는 현실을 잘 받아들일 수 있도록 지도해야 한다.

- 경란이를 공감하고 이해하기: 낳아 준 엄마에 대한 그리움과 배신감, 엄마를 버리고 다른 여자를 택한 아버지에 대한 배신감을 표현할 수 있도록 도와주고 공감하면서 교사도 그런 경우라면 얼마든지 그럴 수 있다고 아이의 행동을 이해하면서 그런 환경에서 잘 견디어 온 것에 대하여 격려한다.

- 이혼가정의 아이라고 모두 폭력적으로 행동하지 않음을 인식시키기: 부모가 이혼했음에도 불구하고 건강하게 살아가는 아이들의 예를 들어 준다.
- 아이가 처한 현실을 받아들이도록 돕기: 다음과 같은 구체적이고 실질적인 이야기를 나눈다.
  - 엄마와의 결별, 새엄마와의 만남은 아이의 힘으로 막을 수 없는 일이었다.
  - 어른의 세계는 어린이의 세계와 달리 아이가 이해하기 어려운 일이 발생하기도 한다.
  - 새엄마도 달라진 환경에 적응하느라 아이 못지않게 힘들고 아이에게 잘하려고 하지만 생각처럼 잘 되지 않아서 힘든 상황이다.
  - 친엄마와 다시 살 수 없다면, 어렵겠지만 잘하려고 애쓰는 새엄마의 마음을 헤아리고 서로 잘하려고 노력하는 것이 현명하다.
  - 새엄마가 자신의 자식이 아닌 아이를 키우는 일은 매우 어려운 일이므로 오히려 키워 주는 것만으로도 감사해야 한다.
  - 부모의 이혼으로 아픈 사람이 많다. 하지만 새엄마와 잘 지내는 아이들도 많다.
  - 아버지도 아이에게 미안해서 잘하려고 하지만 잘 안 되어 마음이 아플 것이다.
  - 아이가 차츰 잘하려고 노력하면 아빠와 새엄마도 잘하게 되어 행복한 가정을 만들 수 있다.

• 새엄마와의 대화 방법과 태도를 긍정적으로 고치도록 노력해 보도록 하기
  − 새엄마의 말에 신경질 날 것 같으면 심호흡을 하면서 아무 말을 하지 않는다.
  − 하고 싶은 말을 마주보고 하기가 어려우면 솔직한 마음을 담아 글로 쓴다.
  − 일부러 쇼핑 등에 따라가 말없이 돕는다.
  − 집안일을 도우며 새엄마에게 호감을 표현하고 노력하는 모습을 보인다.
  − 아버지에게 새엄마와 친해지고 싶으니 가족여행을 하자고 한다.

교사는 이러한 내용을 과제로 제시하고 다음날 대화를 통하여 칭찬이나 기타 반응을 보이며 꾸준히 지도한다.

폭발적인 감정 상태를 보이는 아이

no. 1 내 자리 내놔, 이 자식아

어머, 얘들아, 왜들 이러니?

이 씨××놈이 내 자리에 앉았잖아요.

그렇다고 이렇게 많은 사람 앞에서 싸우면 어떡하니?

내가 밥 더 가지러 간 사이에 이 새×가 앉았단 말이에요.

내가 모르고 앉은 건데 이 난리예요.

그래, 형은이가 좀 잘못했구나.

내가 뭘 잘못해요, 이 새× 때문에 내 자리가 없어졌는데.

그래도 그렇지 모르고 앉은 걸 이렇게 심하게 욕하고 싸우면 어쩌니? 일단 형은이가 다른 곳에서 밥부터 먹고 선생님이랑 이야기하자.

나는 이 자리에서 먹을 거예요. 갈라면 이××가 가야죠.

그럼 미안하지만 보현이가 다른 곳에서 먹는 걸로 하고 수업 마치고 따로 이야기하자.

폭발적인 감정 상태를 보이는 아이

혼자서는 나쁜 행동을 하지 않고 누군가로부터 자극을 받으면 감정 제어가 되지 않으며, 장소나 사람의 존재 여부를 무시하고 심한 욕설과 함께 물건을 부수거나 집어 던지고 유리창을 깨뜨리는 등 난폭성을 보이는 경우다.

형은이는 할머니가 혼자 키우는 5학년 여자아이다. 아버지의 폭력행동 때문으로 어머니는 형은이가 어렸을 때 가출한 상태고, 아버지는 형은이에게 전혀 관심이 없으며, 집에도 들어오지 않는다. 영리하지만 마음대로 되지 않으면 무섭게 화를 내고 교사에게 혼이 나거나 아이들에게서 욕을 먹으면 가방을 싸서 집으로 가기도 하고 분을 못이겨 혼자 유리창 부수기, 의자 집어 던지기, 심한 욕설 등 난폭한 모습을 보인다.

 교사의 대처

아이들이 가득 찬 급식소에서 형은이가 밥을 더 가지러 간 사이에 보현이가 형은이 자리인 줄 모르고 앉는 바람에 자리가 없어진 형은이는 급식소 전체가 놀랄 만큼 큰 소리로 욕을 하고 의자를 발로 차면서 소동을 벌였다.

평소에도 장소나 사람의 존재를 불문하고 이런 모습을 자주 보이는 형은이는 야단을 칠수록 난폭해지기 때문에 소동을 가라앉히기 위해서 조용히 타일러 밥부터 먹었다.

학기 초부터 학년 전체가 모두 알만큼 남다른 행동을 하는 형은이 때문에 할머니와 대화를 한 결과 형은이는 일곱 살부터 부모에게 버림받은 가엾은 아이였다. 경제적인 면은 친척의 도움을 받고 있었으나 할머니 밑에서 사랑과 인정을 받지 못하고 주로 야단을 맞으며 커 가고 있었다. 가엾은 형은이를 보면서 담임교사는 문제행동이 발생할 때마다 아이를 따로 불러 손을 꼭 잡고 아이의 마음을 읽어 주고 엄마의 마음으로 편을 들어주었다. 시간이 날 때마다 관심을 보이고 많은 대화를 나누었다.

다행이 약하거나 머리가 나쁜 아이는 아니어서 성적이나 태도 면에서 지도의 효과를 보였지만 좀 더 구체적이고 체계적인 방법이 있다면 크게 개선이 될 가능성이 있어 보인다.

교사의 대처 방법 분석

> **잘한 점**

_ 험악하게 싸우는 모습을 보고 화를 참으며 아이를 가라 앉혔다.
_ 교사와의 대화에서 아이의 마음을 읽어 주고 보현이에게 다른 자리를 알아보라고 하면서 싸움을 진정시켰다.
_ 할머니와 대화를 하여 아이의 사정을 알아본 뒤 아이의 마음을 읽어 주고 엄마의 마음으로 편을 들어주었다.

- 대개 학급 아이들이 자극을 유발하는 상황이므로 학급을 상대로 한 교육이 필요하다.
- 인정받지 못하고 자라는 아이이므로 교사는 늘 작은 일이라도 아이를 배려해야 한다.
- 학년 전체가 알고 있는 상황이므로 동 학년, 또는 전체 교사들과의 협조체제가 필요하다.
- 할머니, 그 밖의 친척과 협조하여 아이의 난폭성을 개선시킬 수 있는 방안을 모색하여야 한다.
- 개인적으로 접근할 수 있는 치밀한 교육 방법이 필요하다.

상담적 접근

일반적으로 할 수 있는 관심과 배려

더 좋은 인간관계를 만드는 방법 다루어주기

별도로 시간을 내기보다는 교과와 관련하여 인성교육을 시키는 것이 긍정적인 태도 향상에 더 효과가 있다. 학급 아동 전체에게 가정형편, 또는 개인적인 성향에 따라 나와 다른 행동을 보이는 친구가 있다는 것과 나와 다른 행동을 한다고 해서 못되먹어서 그런 것이 아니라는 것을 인식시킨다. 뿐만 아니라 친구들이 여러 가지 행동 특성을 보이더라도 포용적인 태도를 가지고 상대방을 이해하고 배려하는 마음을 갖도록 다양한 자료와 방법으로 교육한다.

- 아이가 없는 곳에서 학급 아이들과 함께 형은이의 행동에 어떻게 대처하는 것이 좋을지 토론하며 방향을 찾는다.
- 아이를 이해하고 이야기를 들어주며 마음을 나눌 수 있는 또래친구를 만들어 주어 정서 순화를 돕는다.
- 교사는 아이가 학급 친구들과 사이좋게 지내는 모습이나 교사를 돕는 모습을 찾아 진정성어린 마음으로 칭찬한다.

  (예) - 물건을 들어 줘서 고맙다.

  　　　- 친구를 돕고 있구나.

  　　　- 네가 도와주니 정말 쉽구나.

  　　　- 너 때문에 짝꿍이 많이 고마워하겠는 걸.
- 교사는 아이를 감정적으로 대하지 않는다. 감정의 폭발을 보이는 아이는 나쁜 아이라서 그러는 것이 아니라 어느 순간 자신도 모르게 폭발행동이 나온다고 한다. 그리고 이런 아이는 대개 폭발 상태가 가라앉으면 자신이 이성을 잃은 행동에 대해 두려워하거나 부끄러워한다고 한다. 따라서 담임교사는 이런 특성을 보이는 아동을 이해하고 매우 부드럽고 자비로운 태도를 보여야 한다.
- 아이는 장소나 교사, 친구들의 존재를 불문하고 난폭성을 보인다. 그러므로 동 학년 교사들에게만이라도 아이의 특성을 알리고 협조체제를 구축하

여 난폭한 행동을 보일 때는 야단이나 꾸중은 하지 않되 단호하고 엄중한 태도로 싸움을 중지하도록 지도해 줄 것을 부탁한다.

- 동 학년 교사들에게 부탁하여 아이를 볼 때마다 관심을 보이고 칭찬할 점을 찾아 칭찬하여 주도록 한다.
- 교사는 할머니와 자주 상담하여 아이에게 사랑을 주는 방법, 배려하고 이해하는 방법을 가르쳐 준다.

구체적인 전략

이혼과 관련된 사고와 감정 다루기는 '새엄마에게 적응못하고 일탈행동을 하는 아이(p. 30)' 부분의 구체적 상담 방법을 활용한다.

이 부분에서는 영리하나 폭발적인 감정 상태를 보이는 아이가 분노를 조절하여 학급 친구들과 원만하고 즐거운 학교생활을 하도록 돕고, 더 나아가 자신의 긍정적인 면을 찾아 스스로 자신을 성장하도록 돕는 방향에 대해 살펴본다.

[분노 조절 프로그램(김우일 역, 2003)]

통제 불능에 처하는 아동들은 자극에 반응하는 다른 방법을 몰라서 그런 경우가 대부분이다. 그러므로 해소 방법을 가르쳐 주면 폭발적인 행동이 크게 줄어든다.

- 통제 불능의 행동이 가져오는 결과에 대해 아이와 토의한다. 통제력을 잃은 행동은 잠시의 효과는 있을 수 있으나, 오랫동안 함께 생활해야 할 학급 친구들과의 생활에서 그런 모습을 자주 보이면 아이의 입장은 어떻게 될까?
- 친구, 친척, 유명인, 연예인 중에서 화를 잘못 다스려 더욱 나빠진 상황과 스트레스 상황에서도 멋지게 대처하여 존경을 받는 사례를 다루고, 닮고 싶은 사람을 찾아본다.
- 흥분이 시작되는 경고 사인을 인식하고 느낌을 알아차린다. 화가 폭발할 때 어떤 신체 증상이 나타나는지 찾아본다. 가슴이 두근거린다든가 머리가 흔들린다거나 얼굴이 붉어지거나 심장이 뛰는 등의 증상이 나타나면 다음의 행동을 취하게 한다.
- 폭력에서 벗어나는 행동으로 다음의 행동 중 한 가지를 취하게 한다. 이러한 행동은 자기가 뭔가 부족한 것이 아니라 폭력방지를 위한 매우 용기 있는 행동임을 인식케 해야 한다.
  - 자리를 뜬다: 화를 내면서 자리를 뜨면 역효과이므로 "지금은 화가 나서 아무 말도 못 하겠어." 등 폭발행동을 막을 수 있는 말을 하도록 한다.
  - 숫자를 센다: 차분히 마음이 가라앉을 때까지 천천히 숫자를 센다.
  - 차분해질 수 있는 말을 반복한다.
    (예) "이런 일 때문에 화를 내는 건 용기 없는 일이야."
       "이건 화낼 가치도 없어."

"이건 내 문제가 아니야." 등

- 눈 감고 심상을 활용한다: 비 오는 날 우산을 쓰면 비를 맞지 않는 것처럼 마음의 우산을 쓰면 다른 아이들이 어떤 말을 하든 막을 수 있다고 상상한다.
- 근육이완을 실시한다: 편한 자세로 앉아 온몸을 사로잡은 화를 머리끝에서 손끝과 발끝으로 몰아낸다는 상상을 하며 팔다리를 떨어낸다.

• 어울리는 정신을 일깨워 준다. 아이 스스로 찾아내도록 하면 더욱 좋다.

- 학급에서 원만한 교우관계를 가지려면 더 큰 이익을 위해 행동해야 한다.
- 자신뿐 아니라 상대가 필요로 하는 것, 바람도 배려해야 한다.
- 학습에서 인기 있는 아이들이 하는 행동 특성을 공책에 적어 보고 따라 해 보게 한다.
- 잘 어울린다는 것은 양보하고 배려하는 생활이지 누군가를 이기고 벌 주는 것이 아니다.
- 상대 때문에 생긴 문제라도 상대 입장을 존중하여 말로 감정 표현을 하도록 한다.
- 갈등의 원인은 상대방에게만 있는 것이 아니라 자신에게도 책임이 있으니 찾아보자.
- 문제 발생 시 한걸음 물러서서 그 문제가 그리 큰 문제였는지 생각해 본다.

- 문제는 항상 크건 작건 생기지만 누구나 폭력적인 방법으로 해결하지는 않는다는 것을 책이나 실례를 들어가며 알아본다.
• 아이의 긍정적인 면을 찾아 준다. 분노를 다스릴 줄 알고 폭발적인 행동이 가라앉아 가면 이런 유형의 아동들이 가진 긍정적인 면을 가르쳐 주어 스스로 이를 믿고 변해 가도록 도움을 준다.
- 열정적이고 믿음이 강하다.
- 자신이 확신하는 바를 표현할 줄 알고 넘치는 에너지를 긍정적인 곳에 사용한다.
- 친구관계가 개선되고 긴장이 풀리면서 삶을 즐기고 다른 친구들을 다정하게 대한다.
- 자신의 잠재 가치를 찾아 노력한다.

사이버상에서의 나쁜 감정이
현실의 폭력이 된 아이

no.1 형들이랑 주먹 싸움 했어요

철수야,
손이 크게 부었네?
왜 이런 거니?

자전거를 타다가
넘어졌어요.

그래? 자전거 타다가 넘어진
상처 같지 않은데?
너, 누구랑 싸운 거 아니니?

…… 사실은요, 제가 우리
동네 중학생 형이랑 채팅을 하다가
서로 욕을 하게 되었어요. 그런데 형이
저더러 싸가지 없다고 하길래 욕을
몇 번 했더니 맞장 뜨재요.

형한테 욕을 하다니……,
그래서 네가 맞은거니?

아니요, 처음에는 우리끼리
싸우고 있었는데 형 친구들이
끼어들어서 싸움이 커졌어요.

중학생 형들이 왜
끼어들게 되었는데?

형 친구들이 그 형을 쫓아왔는데
그 형이랑 저보고 번갈아 가며
한 대씩 때리다가 먼저 무릎 꿇는
사람이 지는 것으로 하라는 거예요.
그래서 서로 때리다 보니까
나중에는 점점 세게 때려가지고
손이 붓게 된 거예요.

선생님, 중학생들이
철수를 찾고 있어요.

중학생들이 왜
철수를 찾을까?

철수를 때리겠다고
찾고 있어요.

얘들아, 너희가
철수를 왜 찾니?

채팅방에 들어와서 저랑
어제 같이 있던 친구들한테
막 욕을 하는 거예요.

제 친구들만 아니었어도 선생님께
꾸중 듣지 않을 건데 저희 때문에
꾸중 들었다면서요. 제가 저보다 형인데
계속 욕을 해서 너무 화가 나서 또
따지려고요.

그래?
선생님이 철수에게 그러면
안 된다고 꾸중을 했는데
또 그랬어?

사이버상에서 주고받은 나쁜 감정이 현실의 폭력이 된 아이

현실에서 채우지 못한 욕구 불만을 사이버 채팅으로 채우던 중 욕설을 심하게 하면서 현실에서 만나 폭력으로 이어진 경우다.

철수는 6학년 남자아이다. 부모의 이혼 후 엄마와 함께 살면서 불안정한 가정에 대한 불만을 채팅을 통하여 보상받고 있었다. 어느 날 철수가 집 부근의 중학생과 채팅을 하던 중 서로 심하게 욕설을 해 가며 다투게 되었는데 기분이 나빠진 중학생의 만나자는 제안에 나갔다가 중학생을 따라온 친구들 때문에 폭력을 주고받는 상황이 발생하였고, 결국 철수의 손이 퉁퉁 붓게 되었다.

 교사의 대처

담임교사는 중학생들을 불러 이번 일에 대한 상황을 파악했다. 나이 어린 철수가 먼저 욕을 했고, 욕하지 말라고 하는데도 계속 심한 욕을 한 것이 중학생을 자극한 것이었다. 철수에게는 나이가 어린데 형한테 함부로 욕한 것, 형들에겐 어린아이가 잘못한 일인데도 몰려 와서 싸움을 부추긴 것은 잘못이라고 꾸짖었다. 중학생들을 보낸 뒤 철수는 앞으로는 그런 일을 하지 않겠다고 다짐했는데, 집에 가서 또 형을 자극하여 이틀 후에 형들이 학교로 찾아온 것이었다. 이웃 중학교 생활지도 교사에게 이번 일을 알리고 앞으로는 이런 일이 없

도록 지도를 부탁하였다. 또한 철수에게는 이번 일의 원인을 제공한 일에 대해 꾸중을 하였다.

철수와 상담 결과 어머니는 직장엘 다니는데 늦게 퇴근하거나 퇴근 후 나가서 밤을 새고 오거나 일요일에는 하루 종일 집에 없는 경우가 많다고 한다. 철수는 이런 엄마가 이상해 보이고 마음이 불안하다고 했다. 친구나 형제도 없이 철수는 거의 컴퓨터 게임을 하거나 채팅을 하면서 시간을 보낸다고 하였다. 하지만 어머니와의 상담에서 담임교사는 철수의 행동과 심리상태를 자세히 이야기했으나 어머니 자신은 이혼했다는 말만하고 철수가 불안정한 심리상태인 것도 모를 뿐 아니라 기타 다른 이야기는 일체하지 않았다. 철수가 인터넷 게임을 많이 한다면서 오히려 담임교사에게 지도를 부탁하였다.

교사의 대처 방법 분석

잘한 점

_ 아이의 손을 유심히 보고 상황을 꼼꼼히 알아내고자 하였다.
_ 아이가 솔직히 이야기하도록 자연스럽게 대화하였다.
_ 관련된 중학생들을 불러 일의 상황을 자세히 알아내고 지도하였다.
_ 중학교 교사들의 협조를 얻어 이번 일에 대한 지도를 부탁하였다.
_ 어머니에게 아이의 상황을 자세히 이야기하였다.

_ 사이버상의 예절 지도가 필요하다.

_ 여가를 컴퓨터만이 아닌 건전한 취미생활을 하도록 지도한다.

_ 또래친구를 만들어 준다.

_ 가정형편을 고려한 개인 생활지도가 필요하다.

_ 어머니와 상담을 통하여 아이의 문제행동을 수정해 나간다.

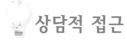

상담적 접근

일반적으로 할 수 있는 관심과 배려

 ### 학급 아이들과 함께하기

요즈음은 사이버상의 채팅이나 메일이 청소년들에게는 일상이 되어 있어 네티켓 지도를 하고 있으나 지도의 효과는 그리 크지 못하다. 학교 실태를 살펴보면 심한 경우엔 1학년들도 채팅을 통해서 욕설을 주고받는다. 또 그것이 현실적인 문제로 바뀌어 개인이나 부모 간의 문제로 불거지는 사례도 심심치 않게 발생한다.

• 학급 아이들 전체를 상대로 사이버상의 폭력 및 네티켓 지도를 다양하게 강화한다.

　– 사이버상의 언어폭력도 폭력행위에 해당되고 처벌받게 된다는 사실을 인식시키고, 상대방을 비방하거나 욕설을 하지 않도록 한다.

　– 사이버상의 욕설이나 비방의 글로 자살하는 경우의 사례를 알아오도록 하고 사이버상의 폭력이 겉으로는 보이지 않지만 매우 심각한 폭력임을 지도한다.

　– 사이버상의 폭력으로 발생하는 문제를 토론활동 등을 통하여 알아보고 그 피해로 인해 상대방 및 자신, 가족 모두에게 치명적인 상처를 줄 수 있는 범죄임을 인식시킨다.

　– 채팅은 상대방이 보이지 않는 상황이므로 감정이 나빠지는 경우 매우 심하게 욕을 하거나 험한 말을 함으로써 서로의 감정이 더욱 황폐화되고 실제로 만나는 경우 험한 사이가 된다는 것을 알게 한다.

　– 채팅으로 의견을 교환하는 것은 현실적으로 상대방과 대화할 때 효율적으로 대화하기 어려운 상황을 만들기도 하므로 하고 싶은 말은 실제로 만나서 하도록 한다.

넷티켓 지도하기(조종숙, 2005)

- 마주보고 이야기하는 마음가짐으로 임한다.
- 자기 자신을 먼저 소개하고 대화에 참여한다.
- 만나고 헤어질 때에는 인사를 한다.
- 진행중인 대화의 내용과 분위기를 파악한 후 대화에 참여한다.
- 대화에서는 모두에게 '님' 자를 붙이고 존칭을 사용한다.
- 초보자가 들어올 경우 천천히 기다려 주며, 친절하게 가르쳐 준다.
- 같은 내용의 말을 한꺼번에 계속 반복해서 입력하지 않는다.
- 여러 사람과 동시에 대화할 때에는 상대방을 혼동하지 않도록 한다.
- 지극히 개인적인 논조는 피한다.
- 광고, 홍보 등의 목적으로 악용하지 않는다.
- 유언비어, 속어와 욕설, 음란성 대화를 금한다.
- 상호 비방이나 명예 훼손의 우려가 있는 내용은 금한다.
- 센스 있고 미소를 자아내는 대화를 유도한다.
- 다른 사람의 아이디로 접속하여 대화하지 않는다.

교사가 개인적으로 하기

- 건전한 방법으로 여가시간을 보낼 수 있도록 지도한다. 상담을 통해 아이
  가 컴퓨터 게임이나 채팅을 대신하여 즐겁게 수행할 수 있는 일들을 찾아

내게 하고 스스로 할 일을 계획하고 수행해 나가도록 지도한다. 친구들과 바깥놀이하기, 취미나 공부 관련 학원 다니기, 책 읽기, 집안일 하기 등을 실천하도록 한다. 매일 실천한 일들을 일기처럼 쓰고 학교에서 교사와 함께 약속한 일들이 잘 지켜지고 있는지 점검을 해 가며 아이가 건전한 생활을 하도록 돕는다. 자신이 한 일들에 대해 어떤 생각이나 느낌을 가지고 있는지 알아보는 것이 매우 중요하다. 아이가 바람직한 태도가 형성될 때까지 매일 점검하면서 아이가 변화되어 가는 상황을 부모에게 알리고 잘하고 있는 부분에 대해서는 칭찬을 아끼지 말고 부모와 상의하여 보상을 하도록 한다.

• 좋은 친구를 만들어 준다. 아이 스스로 원만한 친구관계를 만들지 못하고 채팅을 통해 불안정한 마음을 해소하고 있다. 학급에서 아이를 이해하고 도울 수 있는 친구의 지원을 받아 짝을 만들어 주고 아이가 학급의 다른 친구들과도 잘 지내며 학교생활을 즐겁게 해 나갈 수 있도록 돕는다.

• 틈나는 대로 대화를 통하여 가정에서의 불만을 들어주고 도울 수 있는 방법을 모색한다.

• 학부모와 연계하여 아이의 행동을 수정해 나간다.
 – 어머니와의 상담을 통해 아이의 비행이 가정생활의 불만에서 비롯되었음을 인식시킨다.
 – 아이에게는 어머니의 관심과 따뜻한 사랑, 어머니의 노력이 필요함을 인식시킨다.

♥ 이혼과 관련된 사고와 감정 다루기는 '새엄마에게 적응못하고 일탈행동을 하는 아이(p. 30)' 부분의 구체적 상담 방법을 활용한다.

부모가 이혼한 상황에서 엄마마저 아이에게 신뢰감을 주지 못하는 불안정한 가정환경이 아이의 문제를 가져온 가장 큰 요인이 되었다. 학교에서는 교우관계가 적고 집에 가면 자신뿐이므로 컴퓨터라는 가상공간에 자신을 가둔 채 문제를 일으킨 경우다. 따라서 어머니와의 협조를 통해서 아이가 어머니에게 신뢰감을 갖고, 안심하고 학교생활도 하고, 친구를 사귈 수 있도록 어머니가 적극적으로 노력할 수 있도록 유도할 필요가 있다.

다음과 같은 방법으로 상담활동을 할 수도 있다.

- 아이와 엄마가 서로에게 바라는 가정의 모습을 서로에게 제시하되, 현재의 상황에서 이루어질 수 없는 요구는 하지 않도록 한다.
- 바라는 바를 실행할 수 있는 내용으로 타협한다. 아이와 엄마의 입장이 다르므로 둘이서 서로를 위해 해 줄 수 있는 것이 무엇인지 의견을 교환하고 실행할 수 있어야 한다. 다음의 내용을 실천하고 '엄마와 함께한 활동의 일지'를 쓰고 담임교사와 함께 의견 나누기를 아이의 행동이 확실히 개선될 때까지 실시한다.
  – 엄마와 함께 집안일하기
  – 엄마와 함께 취미생활이나 운동하기

- 엄마가 가능하면 일찍 퇴근하고 집을 비울 때는 이유를 꼭 말하여 아이를 안심시키기
- 아버지와 만날 수 있게 해주기
- 엄마에게 자유시간 주기
- 아이가 친구와 집에서 놀 수 있게 해주기
- 엄마가 힘들어 할 때 아이가 힘이 되어 주기
• 엄마가 아이의 교우관계나 학교생활에 대해 더 많은 관심 가지기
• 엄마가 담임교사와 상담하기 등

[엄마와 함께한 일의 일지]

날 짜	엄마가 아이를 위해 한 일	아이가 엄마를 위해 한 일	함께한 일	엄마 확인
한 일	아이의 가방을 빨아 줌	엄마의 구두를 닦아 줌	학용품을 사러 함께 감	
생각하고 느낀 점	힘드실 텐데 나를 위해 애쓰시는 걸 보니 눈물 난다.	엄마가 기뻐하셔서 나도 좋다.	–	
한 일	친구를 불러 함께 놀게 하였다.	식탁 정리를 도왔다.	엄마가 늦게 퇴근 하셨다.	
생각하고 느낀 점	친구와 노니 즐겁다.	엄마가 칭찬하셔서 행복했다.	–	
⋮	⋮	⋮	⋮	⋮

- 엄마가 집에 있는 동안은 아이가 충분한 사랑과 믿음을 가질 수 있도록 심리적으로 배려하도록 한다.
- 아이가 엄마와 약속한 일을 잘 수행했을 때는 가끔씩 컴퓨터 게임이나 인터넷 이용을 보상으로 주도록 한다.
- 상황이 좋아지지 않으면 전문적인 가족상담을 권한다.

덤벼 봐,
내가 왕초

쌈 짱

집요하게 괴롭히고 놀리는 아이

남의 일에 훼방만 놓는 아이

매사에 공격적인 아이

남의 돈을 빼앗는 아이

패싸움을 하는 아이

2

쌈 짱

no.1 수영이는 우리 반 짱

수영아,
왜 6학년 형에게 이름을 부르니?

저랑 저 형이
싸우면 제가
이기거든요.

선생님, 수영이는 우리 반에서
짱이에요. 작년에 소풍갔을 때도
다른 학교 6학년 형이랑 붙었는데
수영이가 이겼어요. 수영이는
학교 짱으로 소문나 있어요.

그래? 싸워서 이기면
선배라도 이름을 불러도
되는 거니?

다들 그렇게 해요.
그렇게 불러도 그 형이
아무 말 안 해요.

no.2 형들의 기를 꺾어야 해요

수영아, 지난번에 아이들 앞에서 칼로 팔을 그었다며?

네.

어디서 만난 형들인데?

야산에 놀러 갔다가 한 번 만난 형들인데, 형들이 제 앞에서 하는 걸 보고 따라 한 거예요.

중학교 형들이 네 앞에서 하는 걸 보며 마음이 어땠어?

조금 겁났어요.

그런데도 너는 애들 앞에서 왜 그런 행동을 했어?

겁나게 해서 애들 기를 꺾어 놓으려고요.

남에게 신체적이나 정신적으로 피해를 입히는 행동을 자주 행하여 친구들로부터 쌈짱이라고 불리는 경우다.

수영이는 5학년 남자아이다. 5학년인데도 운동으로 몸이 다져져 민첩하고 힘이 세며 대담하고 싸움도 잘해 쌈짱으로 알려져 있다. 성격이 모나거나 반발심이 있는 것은 아니지만 주변의 부추김과 영웅심리로 보스(boss) 기질을 가지고 있다.

교사의 대처

담임교사는 수영이가 학교에서 쌈짱으로 소문이 나 있고 힘으로 상대방을 제압한다는 사실을 알게 되었다. 교사는 수영이와의 반복적인 상담을 통해 수영이의 힘과 권력에 대해 인정해 주고 그 힘을 아이들에게 군림하는 데 사용하지 않도록 하였다. 대신 친구들을 보호하고 좋은 학교로 이끄는 데 쓰도록 하였으며, 비난하지 않고 아이가 자신에 대한 이야기를 거리낌 없이 하도록 유도했다. 다행히 수영이는 솔직하고 개방적이어서 별 숨김없이 자신의 이야기를 들려주었다. 교사도 억지로 수영이의 기질이나 성향을 꺾으려 하지 않고 긍정적인 방향으로 아이와 친밀하게 지냈다. 그러나 학급 아이들 중에는 선생님이 차별 대우를 한다고 느끼기도 해서 그 점을 이해시키는 데 많은 어려움이 있었다.

잘한 점

_ 교사가 아이의 마음을 이해하여 아이로 하여금 자신의 이야기를 솔직하게 터 놓도록 하였다.

_ 교사가 아이를 인정해 주고 힘을 좋은 방향으로 쓸 수 있도록 지도하였다.

_ 아이와 반복적인 상담을 통해 문제를 바로 잡고자 노력하였다.

개선할 점

_ 폭력을 함부로 사용하면 안 된다는 점을 스스로 깨닫도록 돕는다.

_ 평소 학급아이들에게 아이에 대한 이야기를 하여 아이가 문제를 해결하는 데 도움을 받도록 한다.

_ 아이가 문제 상황에서 피해자의 입장이 되어 생각하는 습관을 갖도록 지도한다.

_ 독서치료를 통하여 좋은 모델을 세우고 닮아가도록 유도한다.

_ 가정과의 연계지도로 폭력을 사용하지 않도록 계속적인 지도를 한다.

상담적 접근

일반적으로 할 수 있는 관심과 배려

• 폭력 사례를 제시하여 폭력이 주는 피해와 피해자의 가족이 느끼는 고통

과 슬픔을 알도록 한다.

- 아이로 하여금 상황을 바꾸어 생각해 보도록 한다. 예를 들면, 역할극을 실시하는 방법이 있다. 폭력을 사용하는 아이의 역할, 폭력을 당하는 아이의 역할, 지켜보는 아이의 역할을 맡아서 하고 자신의 생각을 말하게 한다.
- 피해 소감을 쓴 아이들의 쪽지를 읽게 하여 수영이가 친구들의 생각도 들어보게 한다.
- 힘이 센 것을 긍정적인 방향으로 유도한다. 힘이 세다는 장점을 이용하여 봉사활동에 참여시키기, 체육시간에 리더로 세우기, 교사 도우미 등 긍정적인 방향으로 에너지를 사용할 수 있도록 권유한다.
- 문제가 발생하였을 때 힘으로 해결하지 않고 대화로 문제를 해결하도록 권유한다.
- 사전에 아이들이 수영이를 대할 태도에 대해 지도해 둔다. 폭력을 가하는 학생은 자신의 위협이나 협박이 통할 만한 상대 앞에서 폭력행동이 강화된다. 가해학생이 원하는 반응을 보이지 않는 학생은 피해학생이 될 가능성이 적다. 아이들이 묵인이나 복종이 아니라 유머나 자기주장을 통해 가해학생의 폭력에 대응하도록 가르친다.

피해아동을 위한 전략

평소 학급 아이들로 하여금 의사 표현 방법을 익혀 화가 났을 때 배운대로 실천하도록 지도한다.

- 싫은 표정이나 화난 표정을 짓기
- "지금 몸이 좋지 않아."라고 말하고 자리 피하기
- "네가 그렇게 하니 기분이 좋지 않아."라고 자신의 감정을 말하기
- 일단 자리를 피하고 편지나 엽서에 자신의 기분을 적어 전달하기

가해아동을 위한 전략: 독서치료 방법

- 『쌈짱과 얌전이의 결투』(질 티보 글, 브뤼노 생오뱅 그림)라는 책을 통하여 피해받는 아이의 마음을 헤아려 보게 한다.
- 독서치료를 통해 이순신 장군, 바보 온달, 운동선수 등 힘이 센 점을 긍정적으로 이용하여 훌륭한 삶을 살았던 인물들의 이야기를 읽도록 권유하고 자신의 모델을 골라 닮아 가도록 유도한다.
- 신문, 인터넷 등에서 이웃을 위해 일하는 사람들의 이야기를 스크랩하여 읽도록 권유한다.

집요하게 괴롭히고 놀리는 아이

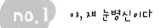

no.1 야, 쟤 눈병신이다

집요하게 괴롭히고 놀리는 아이

한 친구를 유난히 말로 놀리고 괴롭히고 때리기도 해서 다른 아동까지도 그 친구를 집단으로 따돌리기까지 하는 경우다.

준하는 3학년 남자아이로 또래보다 성숙하고 정신연령이 높은 편이다. 공부도 잘하고 창의적이며 학급 회장으로 활동하고 있다. 가정에서는 동생을 잘 돌보는 맏이로서 부모의 말을 잘 듣는 편이라고 한다. 장래 희망이 프로게이머가 되고 싶을 만큼 컴퓨터 오락에 관심이 많은데 컴퓨터 오락을 많이 못하게 하는 것이 늘 약간의 불만이다. 그러나 같은 아파트에 살고 있으며 같은 반인 종석이라는 아이를 유독 집요하게 놀리고 괴롭히고 자주 때려서 종석이 부모가 몇 번이나 항의를 하였다. 다른 아이들도 준하를 따라 종석이를 놀리고 괴롭히기 시작해 집단 따돌림 현상의 시초가 되고 있다.

교사의 대처

준하가 교사 앞에서는 눈치껏 행동하지만 또래보다 성숙한 짱 기질이 있는 아이라서 다른 아이들도 준하의 말을 잘 따르는 편이다. 준하가 특히 종석이란 아이를 집중적으로 괴롭히고 학급 아이들에게도 종석이를 같이 괴롭히도록 종용하고 있었다. 이를 알게 된 담임교사는 먼저 학급 아이들에게 두 아이의 관계를 집중적으로 질문하여 사태를 파악하였다. 또한 준하와 이야기를 시도하여 왜 종석이를 놀리는지를 물어보았다. 그런데 준하의 행동에는 특별한 이유가 없었다. 담임교사는 준하 엄마와의 상담을 통하여 이 같은 사실을 알리고 가정에서도 함께 지도해 줄 것을 부탁하였다.

교사의 대처 방법 분석

잘한 점

_ 학급 아이들을 통해 사건의 진상을 객관적으로 파악하였다.
_ 괴롭히는 원인을 찾기 위해 준하와의 상담을 시도하였다.
_ 준하 엄마에게 사실을 알리고 가정에서도 지도하도록 부탁하였다.

개선할 점

_ 종석이를 괴롭히는 행동에 대해 단호한 태도를 보일 필요가 있다.
_ 종석이를 괴롭히는 원인을 구체적으로 파악할 필요가 있다.
_ 계속 놀림을 당하는 종석이게 대처 방법을 지도하여야 한다.
_ 괴롭힘을 당할 때의 심정을 알아보도록 하기 위하여 학급 전체를 상대로 한 집단상담을 시도해 볼 필요가 있다.

상담적 접근

일반적으로 할 수 있는 관심과 배려

가해아동을 위한 전략

• 가해아동이 괴롭히거나 때리는 행동을 관찰해야 한다. 주로 언제 괴롭히는지, 어떤 상황에서 괴롭히거나 때리는지, 주로 누가 피해를 받는지, 괴롭힌 후 어떻게 하는지를 관찰한다. 만일 특정 아동만 때릴 경우는 서로 떼어놓아야 한다. 왜냐하면 맞는 아동이 때리는 행동을 유발한다고 보기 때문이다. 이 경우 두 아이 중 한 아이가 보이지 않으면 도움이 된다. 가능하다면 두 아이 중 한 아이를 다른 반으로 옮겨 주면 더욱 좋다. 그렇지 못할 때에는 가능하면 두 아이가 떨어져 있도록 환경을 구성한다.

• 괴롭히거나 때리는 원인을 파악한다. 준하의 경우 본인이 컴퓨터 게임을 하고 싶은 욕구가 좌절됨으로써 주변에 약해 보이는 아동을 괴롭히는 행동을 보이고 주변의 아동을 선동하고 있다.

• 때리는 상황을 사전에 막고, 바람직한 행동을 찾아 칭찬하며, 다른 아동을 계속 때릴 때마다 타임아웃(time out) 등의 방법을 쓴다.

• 특권을 상실하게 한다. 준하의 경우 재량활동 시간의 컴퓨터 시간 참여 등의 특권을 박탈 조건으로 친구를 따돌림하는 것을 멈추도록 할 수 있다.

🪶 피해아동을 위한 전략

• 따돌림을 교사가 조장하는 것은 아닌지 살펴보아야 한다. 혹시 그 아이만 편애하지 않았나? 많은 아이 앞에서 그 아이를 무시하는 발언을 하지는 않았나를 살펴보고 따돌림당하는 아이의 행동도 잘 살펴 아이들로부터 따돌림당하는 원인을 제거하기 위해 노력해야 한다.

• 따돌림당하는 아이의 자존감을 키워 준다. 따돌림당하는 아이 대부분은 공통적으로 낮은 자존감을 보이므로 자존감을 키우기 위해 구체적인 칭찬과 성공 경험을 가질 수 있도록 도와야 한다.

• 따돌림 방지를 위한 학급 내 프로그램을 운영한다. 왕따 도우미 구성, 왕따 투표를 통한 사전 왕따 방지, 왕따감시위원회 설치, 왕따 일일체험 등을 통하여 따돌림을 당하는 것이 어떤 느낌인지를 절실하게 느끼게 한다. 충분한 대화를 통하여 따돌림 현상을 예방하고 문제를 해결하는 방법을 학생들 스스로 찾아서 대처할 수 있도록 유도해야 한다.

가해아동과 피해아동이 함께하는 전략

[일기 쓰기를 활용한다]

다양한 유형의 일기 쓰기를 활용하고 검사하는 방법도 재미있게 구성한다.

• 릴레이 일기 쓰기: 일주일의 일기를 가해아동과 피해아동이 번갈아서 쓰
게 하는 방법이다. 가해아동이 하루를 쓰고 피해아동이 하루를 써서 돌려
보면서 서로 용서하는 마음과 이해하는 마음을 기르자는 것이다. 일기의
내용은 괴롭힘 문제를 해소하는 방법으로 구성한다.

• 모둠일기 쓰기: 한 모둠 구성원이 서로 간의 이해를 높일 수 있도록 하는
데 효과적이다. 아이들끼리 돌아가면서 그날 모둠에서 있었던 일과 자신
의 생각을 쓴다. 토요일에 모둠일기를 쓰게 되는 아이에게는 부모님의 글
을 받아 오게 함으로써 학부모에게 자녀 소식을 전하는 기회로 삼을 수도
있다. 아이들은 모둠 구성원의 생각을 읽을 수 있게 되어서 서로 더욱 친
밀해지는 계기가 된다. 모둠일기를 검사하면서 교사는 중요한 정보를 파
악할 수도 있다.

일기는 사실을 기록하기보다 자신의 생각과 느낌을 주로 쓰게 한다. 그리고
꾸준히 검사하면서 오자와 탈자를 수정하고 일일이 코멘트나 대화를 써 준다.

꾸준히 일기를 잘 쓴 학생은 보상을 한다. 학생들의 일기가 바른 글씨, 알찬 내용으로 변해 가며 점차 행동에도 변화가 나타날 것이다.

[집단 따돌림의 심각성 인식시키기]

집단 따돌림을 주도해서 피해아동의 마음이나 몸에 상처를 주면 심각한 형사적 민사적 처벌을 받게 되어 있는 「아동보호법」과 「청소년폭력법」의 내용을 당사자인 학생과 학부모에게 분명하게 알려서 장난삼아 그런 일을 하는 것이 용납되지 않는다는 사실을 강조한다.

[또래관계 증진을 위한 집단상담 방법(김춘경 외, 2004)]

• 만나기: 애칭 짓기, 규칙 정하기
• 친해지기: 몸을 사용할 수 있는 게임으로 친밀감 높이기, 좋아하는 친구 싫어하는 친구의 특징 살펴보기
• 나와 또래관계 바라보기: 잡지책에서 평소 친구관계 속에서의 자신의 모습 찾아 발표해 보기
• 감정다루기: 감정 표현 카드 게임을 통해 자신의 감정 표현하기
  − 나는 어떨 때 큰 소리로 웃는가?
  − 내가 마지막으로 울었을 때는 언제인가?
  − 가장 두려웠던 순간은 언제인가?
  − ∼때 나는 슬프다.

– 어떤 아이가 나에게 '바보' 라고 하면 어떤 기분이 드는가?

– 가장 행복했던 순간은 언제인가?

– 학교에서 가장 기분이 나빴을 때는 언제인가?

– 친구들이 나에게 '너 바퀴벌레 같이 생겼어.' 라고 놀린다면 어떤 기분이 들까?

• 갈등 해결하기: 갈등 상황 인식카드 게임을 통해 갈등 상황에 필요한 적절한 대응책 찾기

– 친구들과 싸운 적이 있는가? 만약 있다면 그 이유는 무엇인가?

– 좋은 친구를 얻기 위해서 나는 어떻게 해야 할까?

– 나는 (   )와 친구가 되고 싶었는데 (   ) 때문에 친구가 되지 못했던 것 같다. 그러므로 앞으로 나는 (   )하여 그 아이를 친구로 만들겠다.

– 누군가가 나를 괴롭힌다. 나는 그 아이에게 어떻게 행동할 것인가?

– 친구가 내가 제일 싫어하는 별명을 자꾸 부르면 나는 그 친구에게 어떻게 하겠는가?

– 친구들이 나를 어떨 때 멀리하는가?

– 더 많은 친구를 사귀기 위해서 어떻게 말을 해야 할까?

– 친구들과 어울려 놀고 싶은 데 친구들이 내게 먼저 놀자고 하지 않는다면 어떻게 하겠는가?

– 어떻게 하면 친구들이 나를 좋아하게 할 수 있을까?

- 사회적 기술 배우기
  - 친구 사귀기 기술: 친구에게 말걸기, 친구 초대하기
  - 한 명의 친구를 선택하여 칭찬하기
  - 또래관계 의사소통기술 배워보기
- 우정 키워가기: 공동 작품 만들기
- 새롭게 시작하기: 자신의 장점을 발견하여 자기 자신에 대해 긍정적인 사고로 자신감 갖기
- 나의 다짐: 정리 및 자신에게 편지를 써서 새로운 결심과 각오 다지기

남의 일에 훼방만 놓는 아이

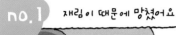

no. 1 재림이 때문에 망쳤어요

no.3 안 그럴게요

남의 일을 방해하거나 남의 물건을 함부로 하는 아이

아이들이 즐겁게 놀거나 협동적인 활동을 할 때 괜히 심술을 부리거나 방해하여 일을 망치고 남의 물건을 함부로 하여 주변의 항의를 받는 경우다.

재림이는 2학년 여자아이다. 부모의 이혼으로 인해 아빠와 조부모와 함께 생활하고 있다. 항상 건들건들한 태도를 보이며 학급에서 모둠마다 다니며 훼방을 놓는다. 뭔가 만들고 있으면 가서 살짝 부수고, 청소하고 있는 데 가서 더 더럽히기 일쑤다. 매번 아이들에게 항의를 듣고 담임교사에게 혼이 나지만 얼마 가지 않아 또 그런 행동을 보여 아이들이 모두 재림이를 싫어할 뿐만 아니라 교사의 수업조차 방해하였다. 담임교사도 가정과 연계하여 지도하려 했으나 엄마도 계시지 않고 조부모와는 대화가 어려워 다른 방도를 찾고 있다.

교사의 대처

담임교사는 재림이의 막무가내 행동에 대해 불러서 따끔하게 혼을 냈다. 도무지 심각한 게 없는 이 아이는 그때 그때 자기 잘못을 인정하고 잘못했다고 하지만 얼마가지 않아 또 그런 일을 다시 벌이고 만다. 가정과의 연계지도를 해 보려고 하였으나 가정에 엄마가 계시지 않고 조부모와는 대화가 되지 않았으며 아버지와는 전화 통화조차 어려웠다. 그런 가정 사정을 안 담임교사는 아이가 엄마의 정이 그리워 주의를 끌기 위해 그런 행동을 한다고 판단하였다.

그래서 재림이에게 좀 더 관심을 가지고 애정을 주려고 노력하였다. 일부러 심부름도 시키고 교사 주변에 왔다 갔다 하면 불러서 손도 잡아 주고 어깨 주무르는 활동을 시키기도 하였다. 방과 후 배회하는 시간이 많은 거 같아 학교의 방과 후 보육교실을 알선하여 주고 거기서 활동하도록 안내하였다.

교사의 대처 방법 분석

_ 가정과의 연계지도를 시도하였다.

_ 행동의 원인을 찾아 분석하고 대처하였다.

_ 관심을 가지고 애정을 주려고 노력하였다.

_ 심부름 등 작은 역할을 해내도록 하여 성취감을 느낄 수 있게 해 주었다.

_ 방과 후 배회 시간을 방과 후 보육교실로 연계시켰다.

개선할 점

_ 학급에 소속감을 가질 수 있도록 도와준다.

_ 단짝 친구나 멘터와 짝을 지어 주어 본인에게도 관심을 가져 주는 사람이 있다는 걸 알게 해 준다.

_ 지속적인 관심과 배려로서 바람직한 행동을 할 때에는 칭찬을 아끼지 말되 허용되지 않는 행동에는 단호한 태도를 보인다.

상담적 접근

일반적으로 할 수 있는 관심과 배려

남의 일을 방해하고 못살게 구는 아이로서 재림이의 경우는 어머니의 부재로 인한 애정결핍이 가장 큰 원인이다. 주변 아이들을 괴롭히거나 튀는 행동을 하여 다른 사람들의 주의를 끌고자 하는 욕구로 보인다. 이런 경우는 아이에게 따뜻한 애정을 느끼도록 하는 것이 가장 중요하다.

[단짝 도우미 친구 맺어주기]
- 의도적으로 집단활동을 시키거나 협동놀이를 통해 서로 돕고 협동하는 것을 경험하도록 한다.
- 친구들과의 집단활동을 통해 즐거움과 기쁨을 맛보는 기회를 많이 제공하고 서로 인정하고 신뢰하는 분위기를 만들어 간다.
- 교사는 충분하게 애정을 베풀고 학급 내에서 할 수 있는 역할을 부여하며, 이를 이루었을 경우 충분한 강화로 긍정적인 자아개념을 갖도록 한다.

[멘터 만들어 주기]

고학년 언니나 교사 자신이 아이의 멘터가 되어서 애정을 표현해 준다.

[반의 일원으로서 역할 주기]

학급의 일원으로서 소속감을 가지게 되면 다른 아이들과의 협동이 가능하므로 작은 역할이라도 아이들 속에서 잘해 내어 성취감과 함께 소속감을 느낄 수 있도록 해 주어야 한다.

[칭찬해 주기]

긍정적인 면이 조금이라도 보일 때면 그것을 크게 칭찬해 주고 부적응 행동을 보일 때면 혼을 내기보다는 무시해 버린다. 대신 아주 작은 긍정적인 면을 자꾸 부각시키다 보면 부적응 행동으로 관심을 끌려는 행동이 감소될 수 있다.

[역할극을 통해 상대방 기분 경험해 보기]

역할극을 통해 다른 아이들을 괴롭히면 어떤 기분이 드는지 직접 경험해 보는 기회를 갖는다.

🤍 학급 내에서 자주 갈등이 일어날 때는 갈등 해결 프로그램을 학습시키고 갈등 상황에서 활용하도록 하는 것도 효과적이다.

갈등 해결 프로그램 활용

- 나와 상대방 사이에 갈등이 존재하는 것은 자연스런 현상임을 이해한다. 갈등 자체에 문제가 있는 것이 아니라 갈등을 어떻게 해결하느냐가 더 중요하다.
- 자신이 겪고 있는 갈등을 감추거나 피하지 말고, 있는 그대로 인정하고 수용해야 한다.
- 갈등의 해결은 자신의 입장을 이해하고 상대방의 입장을 수용하려는 노력에서 출발한다.
- 갈등을 즉각적으로 해결하는 것만이 능사가 아니다.
- 갈등 해결을 위해 이야기할 수 있는 적절한 시간과 장소를 선정한다.
- 갈등을 다루기 위해서는 우선 서로에 대해 느끼고 있는 긍정적인 마음을 보여 주며 섭섭한 마음을 솔직하게 표현한다.
- 적절한 자기 표현은 갈등 상황을 원만하게 해결하는 데 도움이 된다.
- 갈등 상황에 대한 각각의 입장을 충분히 이야기한다. 이때 TLC 기법을 활용할 수 있다.
  - T(talking): 문제에 관한 각자의 입장을 말하게 하고, 쌍방 모두가 느끼는 감정에 초점을 맞춘다.
  - L(listening): 각자 상대방의 문제에 관해 말하는 바를 경청하고, 상대방이 하는 말을 되풀이하여 상대방이 말하는 바가 무엇인지 확인시킨다.
  - C(choice): 모두 승자처럼 느끼게 만드는 해결 방안을 선택한다.
- 이야기를 나눌 때는 나와 상대방이 서로가 처한 입장에 따라 문제를 보는 시각이 다를 수 있음을 알고, 각각 갈등 상황에 대해 어떻게 파악하고 있는지를 확인한다.
- 서로가 인정하고 수용할 수 있는 해결책을 찾는다.

재림이의 경우 친구나 교사에 대한 애정과 관심을 표현하는 방법을 잘 몰라 친구를 방해하거나 괴롭히는 방식으로 표현하는 것으로 보인다. 본인이 애정을 받아 보지도, 주어 보지도 못하였을 때 이런 행동이 나타날 수 있는데, 그렇다고 갑자기 교사나 친구들이 애정을 보이면 오히려 반감을 가질 수 있으므로 차츰 동화되어 가는 방법을 활용하는 것이 좋다. 협동학습을 실시해서 자연스럽게 학급의 일원으로 함께 생활해 가는 사회성을 기르도록 하는 것도 좋은 방법이다.

구체적인 협동학습 전략에는 다음과 같은 것이 있다.

[노래 가사 바꿔 부르기]

아이들이 즐겨 부르는 노래에 아이들의 마음이 담긴 가사로 노래를 만드는 것이다. 아이들에게 창의력을 향상시킬 수 있고 모둠원 간의 협동심을 느낄 수 있는 행사다.

- 노래 가사 바꾸어 부르기(노가바)의 방법을 설명한다.
- 4~6일 정도의 시간을 준다.
- 월별 행사에 따라 노가바의 주제를 정해 주어도 좋다. 예를 들면, 3월에는 '우리는 친구', 6월은 '통일', 7월은 '시험' 등
- 입상한 작품은 학급 어린이들이 모두 배울 수 있는 시간을 갖는다. 아이들

에게 성취감과 기쁨을 함께 줄 수 있다.

- 학급문집에 싣는다.

[새로운 율동 만들기]

아이들이 잘 알고 있는 노래나 즐겨 부르는 노래에 알맞은 율동을 만드는 시간을 가져본다. 대부분의 노래는 3박자나 4박자이면 거의 박자를 맞출 수 있다. 기본 박자를 만들고 중간중간에 가사에 맞추거나 재미있는 동작을 만들어 본다면 아이들이 언제, 어느 노래에나 몸동작을 표현할 수 있는 창의력이 생길 것이다. 1주일 정도의 시간을 주어서 모둠끼리 만들거나 친한 친구끼리 모여서 만들도록 한다.

[빠른 문제 풀이(스피드 퀴즈)]

빠른 문제 풀이는 텔레비전에서 많이 볼 수 있는 스피드 퀴즈와 같은 방법으로 진행한다.

- 아이들이 공통으로 느낄 수 있는 문제를 뽑아 카드로 만든다. 이때 문제는 특정 교과를 선정해서 진행할 수도 있고 짧은 동화를 선정하여 모두 읽게 한 후 내용을 문제로 낼 수도 있다. 아이들의 공통된 관심사를 문제로 낼 수도 있다. 예를 들면, 시험, 싸움, 우정, 부모님 등.
- 특정 교과를 문제로 출제할 경우에는 모둠끼리 모여서 1시간 정도 공부할 시간을 준다. 누구를 시킬지 모르니 서로 도와가며 모두 알 수 있도록 하

라는 지도를 한다.
- 정해진 시간에 많이 맞출 수 있도록 한다.
- 교과 내용일 경우에는 카드를 하나하나 들어가면서 교사가 해당되는 설명을 한다면 1시간을 재미있고 알차게 보낼 수 있다.

[공기놀이 한마당]

예전에 비해 손의 조작 능력이 상당히 약해져 있는 아이들에게 손의 조작 능력을 키워 주고 좁은 공간에서 할 수 있는 놀이를 접함으로써 놀이의 즐거움과 소중함을 알게 하는 데 그 목적이 있다.
- 방법을 소개한다.
- 1주일 정도의 시간을 갖고 대회를 연다.
- 3일 정도는 연습을 할 수 있도록 하고 나머지는 예선과 결승을 치른다.
- 공기 대회의 규칙을 정한다. 아이들이 알고 있는 규칙을 교사가 모르는 경우가 있으므로 먼저 아이들의 공기놀이 방법을 교사가 알아야 한다.
- 아이들의 능력에 맞게 규칙을 정한다.
  (예) – 예선에서는 남자는 세번 틀릴 때까지 20동을 넘으면 1차 통과
  　　 – 여자는 세번 틀릴 때까지 30동을 넘으면 1차 통과로 한다.
  　　 – 1차 통과자가 많으면 수준을 높여 2차 예선을 치르고 적으면 그냥 결승을 한다.
  　　 – 결승에서는 세번 틀릴 때까지 가장 많이 한 아이가 승리한다.

－ 아이들 스스로 심판을 맡아 예선을 한다.

－ 결승은 모든 아이가 볼 수 있도록 한다.

[모듬별 작은 운동회]

어린이 날을 전후해서 아이들이 마음껏 뛰어놀 수 있는 작은 시간을 마련하는 것도 보람된 학급 행사 중 하나다. 어린이 날에 쓸쓸하게 보낼 수도 있는 소외된 친구들을 위해 작은 운동회를 마련한다.

〈미니 올림픽: 이쑤시개 멀리 던지기－뒤로 누가 빨리 달리나－발 묶고 둘이서 달리기(또는 대나무에 발 묶고 두레별로 달리기)－네붕알－개뼈다귀－녹십자놀이－보호막 피구－진놀이－알까기 술래잡기 등〉

매사에 공격적인 아이

no.1 살짝 건드린 거란 말이에요

건홍아……그만 못해.
너 걔를 그렇게
세게 때리면 어떻하니?

제가 먼저 때렸단 말이에요?

전 때린 게 아니라 그냥 지나가다가
살짝 건드린 건데요.

건홍아,
얘는 너를 때린 게 아니라
실수로 건드린 거라잖아.

야, 네가 지나가는 데
내 등허리 세게 쳤잖아.

선생님,
3반 선생님이 건홍이
오래요.

왜……!

건홍이가 화장실에서 3반 아이 배를
주먹으로 때려서 쓰러뜨리고
발로 막 밟았어요. 지금 걔가 화장실에서
막 울고 난리 났어요.

건홍아, 3반 아이 배를 왜 때렸니?

……그 자식이 저보고
돼지라고 하잖아요.

그렇다고 배를 때리면
어떡하니? 놀리지 말라고
말로 해야지.

제가 먼저 그런 거 아니란
말이에요. 걔가 먼저 놀려서
그런 거라고요.

　대수롭게 넘길 일에도 지나치게 집착하고 화를 내고 그것이 공격행동으로까지 이어져 다른 아이들과 싸움이 자주 일어나는 경우다.

　건홍이는 3학년 남자아이로 또래보다 덩치가 크고 뚱뚱한 편이다. 엄격하고 과격한 아버지 밑에서 자랐으며, 누나와 남동생이 있다. 말썽꾸러기이며 개구쟁이로 다른 형제들과 비교하여 부모에게 꾸중을 자주 듣게 되는 편이며, 반항으로 인해 맞거나 벌을 서는 경우가 많다. 학급에서도 다른 아이들에게 아무것도 아닌 일에 공격적인 행동이 이어져 항상 문제가 되고 있다.

교사의 대처

　건홍이는 매사에 공격적 행동을 보이며 여러 아이와 다툼이 잦을 뿐 아니라 담임교사에게까지 자신의 잘못을 인정하기보다는 대드는 식으로 행동한다. 담임교사는 건홍이를 타이르기도 하고 혼내기도 하였지만 별 변화없이 더 심해지자 건홍이 엄마를 불러 상담을 하였다.

교사의 대처 방법 분석

잘한 점

_ 아이에게 지속적인 관심을 가지고 지도하려고 노력하였다.

_ 다양한 지도 방법을 시도하여 보았다.

_ 아이 엄마와의 상담을 통하여 아이의 문제를 함께 해결하려고 노력하였다.

개선할 점

_ 아이의 공격행동에 대해 좀 더 단호한 태도를 보일 필요가 있다.

_ 화가 나거나 공격적인 행동이 나오려고 할 때 분노 조절이 가능하게 가르쳐 주어야 한다.

_ 아이 아빠와의 상담을 통해 일관적인 양육 태도를 보일 수 있도록 조언할 필요가 있다.

_ 피해받는 아이들에게도 자기 표현을 하도록 지도한다.

상담적 접근

일반적으로 할 수 있는 관심과 배려

• 피해 상황을 정확히 조사한다.

- 아이의 폭력행동에 초기에 대응할 수 있도록 폭력행동이 시작되면 즉시 교사에게 알리도록 한다.
- 공격적 행동에 대해서 교사는 단호한 목소리나 얼굴 표정으로 지도해야 한다. 학생들이 서로 간에 괴롭히는 모습을 쉽게 용서하는 인상을 주거나 묵과하는 것은 좋지 않다. 그리고 자주 공격을 받는 학생의 경우는 특별히 자기 표현과 같은 대처 방안을 교육할 필요가 있다. '~하지마!', '~싫어!' 라고 화가 난 감정을 상대에게 표현할 수 있게 지도해 주어야 한다.
- 건홍이의 경우는 에너지가 많은 편이므로 축구 같은 구기운동을 통하여 에너지를 발산시킴과 아울러 그 활동을 통해 교우관계도 개선시킬 수 있다. 또한 이같이 에너지가 넘치는 아이들을 위해 쉬는 시간을 꼭 지켜 주고 충분히 활동할 수 있도록 하며, 에너지를 많이 발산할 수 있게 해 주는 일이 중요하다.
- 학급 수호대를 조직하여 학급 내 싸움의 중재, 싸움을 미리 막는 역할을 하게 한다.
- 교육과정 내에서 도덕이나 특별활동 수업을 할 때 공격적 행동이 무엇인지 발표한 후 폭력예방 홍보 포스터를 함께 만들어 본다.
- 협조적이고 친절한 행동을 칭찬하고 강화시킬 수 있는 이벤트, 즉 칭찬 릴레이, 칭찬 스티커, 칭찬 편지함 활용 등을 실시한다.
- 공격성이 강한 아이에게 1인 1역을 주어 리더십으로 유도하기, 우유 당번 혹은 텔레비전 조작이나 컴퓨터 조작 도우미, 학급 열쇠 관리 등의 역할을 수행할 수 있게 한다.

- 심하게 공격행동을 보일 때는 타임아웃으로 다른 공간으로 잠깐 격리시키는 방법을 사용할 수도 있다.

 학급에서 발생하는 싸움 다루기(박성희, 2007)

- 싸우는 아이들을 떼어 놓는다. 교사의 힘으로 부족할 경우 미리 조직한 학급 수호대의 도움을 받는다.
- 싸움을 한 아이들과 학급의 나머지 아동들과 격리시킨다.
- 아이의 흥분이 가라앉을 때까지 교사가 차분하게 기다린다. 교사의 눈높이를 아이보다 낮추고 손은 주머니나 뒷짐을 지어 아이에게 벌할 의사가 없음을 알려 주어 빨리 흥분을 가라앉게 한다.
- 아이의 흥분이 가라앉으면 아이에게 말을 건넨다. 이때 '흠, 목에 상처가 났구나. 많이 아프지 않니?' 하는 식으로 아이의 상태에 관심을 표명하고 '너희가 싸우는 걸 보고 선생님은 엄청 놀랐어.'라는 형태의 나-메시지를 사용하여 대화를 이어 나간다.
- 아이와 대화를 이어가는 동안 공감적 반응을 활용한다. 충분한 대화가 이루어지고 아이의 마음이 평정되면 공격행동에 대해 사전에 정해 놓은 규칙을 상기시키고 그에 상응하는 대가를 치르도록 한다.

💗 분노를 조절하는 자기 조절법 사용

- self-time out: 폭력을 행하기 전 마음속으로 '잠깐!'이라고 외치고 잠시 감정을 다스릴 시간 갖기
- 자기 독백: '나는 지금~때문에 화났다.' '나는 화가 난 것을 침착하게 말로 할 수 있다.'고 마음속으로 먼저 생각하기
- 화나게 한 사람에게 화난 마음 이야기하기: '네가 지나가다 나를 쳐서 난 지금 기분이 나빠.'처럼 상대방에게 나에게 한 것과 그로 인해 생긴 내 감정을 이야기하기
- 혼자 풀기 연습: 화가 날 때 그것을 해소할 수 있는 나만의 방법을 찾아 실행하기 (예) 음악듣기, 운동하기, 큰 소리로 노래 부르기, 베개 치기 등
- 다른 사람에게 이야기하기: 화가 난 이유, 화를 낼 때의 기분, 화가 난 후의 느낌 등을 편하게 이야기할 수 있는 사람에게 털어놓는다. 선생님, 부모 또는 친하게 지내는 친구를 대화 상대로 정할 수 있다.
- 자리 깔아주기: 우리 속담에 멍석 깔아 주면 못한다는 말이 있듯이 교사가 심판을 보겠다는 식으로 정식 게임 방식을 취해 싸움을 경기하듯 하게 하면 오히려 더 이상 싸움이 안 될 때가 많다. 그리고 학급 내에서 싸울 일이 생길 때 교사에게 신청하면 교사는 경기 방식으로 진행하겠다는 것을 홍보하면 오히려 싸움이 줄어들 수 있다.

남의 돈을 빼앗는 아이

no.1 2학년 돈을 빼앗았대요

창민아,
너 지금 영수를
왜 때렸니?

걔가 돈을
안 주잖아요.

걔가 너한테
돈을 빌려갔니?

......

창민아, 얘기를 해야 알지?
영수야, 창민이가 너한테 왜
돈을 달라고 그러니?

지난주에 창민이가
오락을 시켜 줬는데……
자꾸 그 돈을 내놓으라고 하는 거예요.
처음엔 500원이었는데
자꾸 이자가 늘어서
오늘은 5000원을 내놓으라고
하잖아요.

뭐라고? 5000원씩이나.
창민아, 네가 시켜 준 거니?
아니면 돈을 빌려 준 거니?

제가 하는데 영수가 자꾸
시켜 달라고 해서 시켜 줬어요.
그런데 다음날 돈을 안 주잖아요.

그렇다고 친구 사이에 그렇게
이자를 받는 게 어디 있니?
친구 사이에 오락 한 번
시켜 줄 수도 있는 거지 뭐.

나도 돈이 없는데
자꾸 안 주니까 그렇죠.

남의 돈을 빼앗는 아이

남에게 신체적·정신적 피해를 입히는 것뿐만 아니라 다른 아이들을 협박하여 돈이나 물건을 빼앗는 경우다.

창민이는 5학년 남자아이다. 2학년 때 부모님이 별거하게 되어 엄마와 누나 그리고 할머니와 함께 살고 있으나 엄마는 공장에 다녀 야간에도 일을 나가는 경우가 대부분이다. 가정형편이 매우 어려워 용돈이 풍족하지 못한 편이며, 누나는 특수아동이고, 할머니도 살갑게 아이를 대하는 편은 아니다.

 교사의 대처

담임교사는 창민이가 돈을 빼앗은 사실에 대해 알아보기 위해 창민이에게 자세히 물어보았다. 그리고 학급 아이들에게도 창민이가 돈을 빼앗은 적이 있는가에 대한 조사를 실시하였다. 그 결과 돈을 빼앗긴 아이가 학급아이뿐 아니라 저학년 아이들도 있었으며, 돈을 주지 않으면 날마다 돈을 달라고 채근하거나 이자를 올려 상대 아이가 학교 오기를 두려워한다는 사실을 알고는 학급 아이들과 함께 돈을 빼앗는 행동에 대해 지도하였다. 그리고 가정과의 연계지도를 해 보려 했으나 엄마와는 전화 통화조차 힘들었다.

잘한 점

_ 사건의 진상 파악을 위해 노력하였다.

_ 학급 전체 아이들을 상대로 지도하였다.

개선할 점

_ 아이가 그런 행동을 하게 된 원인을 파악할 필요가 있다.

_ 긴밀한 관계를 가질 수 있는 친구를 만들어 준다.

_ 어떤 경우에도 돈을 빼앗는 행동은 안 된다는 것을 알게 한다.

_ 오락 말고 아이가 몰두할 수 있는 일을 찾아 준다.

 ## 상담적 접근

　창민이의 경우 아버지가 계시지 않아 어머니가 가정의 생계를 책임지고 있다. 이 때문에 어머니는 늘 바빠 창민이가 감정이나 애정을 표현할 수 있는 경험을 가질 기회가 없었고, 특수아동인 누나와 할머니와도 의사소통에 문제가 있어 가족뿐 아니라 타인과의 긴밀한 관계를 형성하는 데 어려움이 있었다. 이와 함께 창민이에 대한 보호와 감독이 소홀해짐으로써 창민이를 방치하게 되고, 오로지 창민이는 오락하는 것에 재미를 붙이고 오락을 위해 돈이 계속 필요하게 되었다. 그래서 이미 여러 번 친구들과 후배들의 돈을 빼앗았다. 또한 이런 행동이 나쁜 행동이라는 것을 알면서도 본인의 욕구를 충족시키기 위해서 그러한 행동을 반복하게 된 상태다. 이렇게 돈을 빼앗는 것이나 도벽 등은 습관화되기 전에 조기 발견해서 고치는 것이 가장 좋다.

일반적으로 할 수 있는 관심과 배려

🩶 피해 상황을 정확히 조사한다. 창민이와 같은 경우에는 우선 피해 상황에 대한 구체적인 조사를 하여야 하며, 한 번 조사하는 데서 그치지 말고 그동안 행하였던 모든 갈취 행위에 대하여 자세히 조사한다. 아울러 그동안에 있었던 일을 자필로 쓰도록 하여 스스로 객관적으로 진상을 돌아보게 하는 기회를 갖게 한다.

🩶 어떤 상황에서도 돈을 빼앗는 행위는 용서받을 수 없는 것이라는 것을 일깨워 준다.

🩶 빼앗은 돈이나 물건을 갚거나 다시 돌려주도록 지도한다. 재발 방지를

위해서는 단호하게 대응하여야 한다. 돈의 액수와 횟수가 클 경우에는 가정에 꼭 알려야 하지만, 초기의 경우라면 부모에게 알리지 않는 조건으로 철저하게 재발 방지를 약속할 수 있다.

빼앗은 돈을 돌려 주지 못할 상황인 경우 학급 봉사활동에 참여하게 한다. 봉사활동에 참여하게 함으로써 오락에 집착하여 보낸 시간을 반성하게 한다. 봉사활동을 시작하기 전에 가능하면 다른 아동들이 보는 앞에서 '농땡이 치지 않고 열심히 하겠다.'는 서약을 하게 한다.

구체적인 전략

방과 후 보육교실이나 학교 근처의 무료 공부방 등을 적극 알선하여 그 곳에 정을 붙이고 참여할 수 있도록 이끈다. 처음엔 가기 싫어 할 수 있으므로 친구와 함께 가도록 한다. 보육교실 담당교사나 공부방 담당교사에게 출석 확인을 받아 담임교사에게 제출하는 식으로 강제적 방법을 동원할 수도 있다.

장발장 또는 도둑질이나 갈취 행동으로 인해 비참한 최후를 맞게 되는 영화를 관람시키거나 독서지도를 통하여 간접 경험의 기회를 준다.

🪶 극단적인 방법이긴 하지만 저학년의 창민이와 같은 경우 가까운 파출소의 경찰관과 미리 상의한 후 경찰관이 직접 출동하여 다른 사람의 돈을 빼앗는 행동이 범죄행동이라는 것을 일깨워 주는 방법도 효과가 있다.

🪶 현재 자기 상태를 점검하고 점차 개선해 나가는 개인상담을 실시한다.

개인상담의 절차

① 어떤 사람이 되고 싶은지 이야기해 본다. 이야기가 잘 전개되지 않으면 좋아하거나 존경하는 위인의 이야기로 시작한다.

② 멋진 사람이 되기 위해 해야 할 것이나 하고 싶은 것이 무엇인지 구체적인 목표를 정한다.

③ 본인이 그런 사람이 되기 위해서 무엇을 열심히 해야 할지 구체적으로 적어 보게 한다.

④ 자신에게 걸림돌이 되는 것이 무엇인지 현재의 상태를 인식한다. 즉, 현재 자기에게 가장 큰 문제가 무엇인지를 파악하게 한다.

⑤ 걸림돌에 매번 걸려 넘어졌고, 걸림돌의 유혹을 뿌리치지 못한 것을 스스로 인정하게 한다. 창민이의 경우는 오락에 대한 집착 때문에 돈이 자꾸 필요하게 되었고, 그래서 갈취 행동을 계속하게 되었다는 점을 인정하게 한다.

⑥ 걸림돌의 유혹에 넘어간 대가가 무엇인지 곰곰이 생각한다. 공부를 하기 싫은 것, 학교에 지각하는 것, 선생님께 혼나는 것, 친구들이

피하는 것 등

⑦ 자신이 걸림돌에 걸려 넘어지지 않았던 상황, 걸림돌을 잘 극복한 경험들을 떠올리면서 걸림돌을 이길 방법을 찾는다. 돈을 빼앗지 않으려면 우선 오락을 하지 말아야 하는데 과거에 오락을 하지 않고 학교에 온 적이 있는지 생각해 본다. 만일 그런 경우가 있었다면 어떻게 해서 그것이 가능했는지 잘 따져보고 그 방법을 따르도록 한다. 예를 들면, 친한 친구와 함께 등교할 때 오락을 하지 않고 왔다면 당분간 그 친구와 함께 등교하는 방법을 사용하도록 한다.

⑧ 걸림돌에 저항할 수 있는 다른 활동을 찾는다. 오락을 하지 않기 위해서는 여가시간에 다른 할거리를 찾아야 한다. 담임교사 도우미, 학급의 봉사활동 도우미, 방과 후 보육교실 참여 등 아동이 선호하는 활동을 찾아서 여가시간을 활용할 수 있도록 돕는다.

⑨ 걸림돌을 잘 극복한 경우에 스스로 보상한다. 자신이 걸림돌을 극복하고 바람직한 생활을 하면 창민이가 스스로 어떤 보상을 할 것인지 정하게 하고 실제로 목표를 달성하였을 때 자기보상을 했는지 확인한다. 필요하다면 담임교사가 보상해 줄 수도 있다.

패싸움을 하는 아이

no. 1 학교 뒷산에서 싸움이 났어요

no.2 이 일을 어떻게 하죠

no.3 무슨 일이 있었던 거니

패싸움을 하는 아이

사춘기에 접어든 아이들이 몰려다니면서 우상 심리에 의해 아무것도 아닌 일에 시비를 걸고 싸움을 하는 경우다.

민수는 5학년 남자아이로 또래보다 덩치가 크고 키가 큰 편이다. 평소 아이들을 이끌면서 아이들 사이에 인기가 많은 편이다. 공부도 잘하는 편이며, 학교 육상부와 동아리 축구 선수로 활약하여 학교 선생님들께도 인정받는 아이다. 하지만 학원에서 만나는 옆 학교 아이들과 경쟁 의식을 가지고 있으며, 자꾸 아이들을 부추겨 패싸움을 주도하였다.

교사의 대처

패싸움에 휘말린 아이들을 불러 자초지종을 조사해 보니 옆 학교 아이 중 하나가 민수에게 도전을 하여 민수를 따르는 몇몇 아이가 그 아이에게 겁을 주었고, 그러자 그 아이가 자기 학교 아이들과 함께 민수에게 도전하여 패싸움이 된 경우였다. 패싸움에 휘말렸던 아이들을 1차 훈계하고 담임교사에게 인계하였으며 담임교사는 아이들을 따로 불러 주의를 주고 단체행동을 자제하라고 타일렀다. 또한 이 사실을 상급자와 동료 교사들에게 알려 사태의 심각성을 일깨워 만약에 올 다음 사태에 공동으로 대처할 수 있도록 조치하였다. 특히 민수는 이 사건의 주요 인물로 학부모와의 상담을 통해 다니던 학원을 옮기기로 하였다.

교사의 대처 방법 분석

잘한 점

_ 조기에 대처하여 큰 패싸움이 일어나지 않도록 하였다.

_ 관련된 아이들을 모두 불러 자초지종을 자세하게 알아보았다.

_ 상급자와 동료 교사, 관련 옆 학교 교사들에게 알려 공동 대처의 네트워크를 형성하였다.

_ 학부모와의 상담을 시도하였고, 서로 부딪히지 않게 하기 위해 학원을 옮기게 하였다.

개선할 점

_ 일회성에 그친 훈계가 아니라 체계적인 지도가 필요하다.

_ 고학년의 경우 평상시 사전에 폭력을 막을 수 있는 교육과정의 운영이 필요하다.

 상담적 접근

일반적으로 할 수 있는 관심과 배려

학교폭력이 요즘 심각한 사회문제로 부각되고 있다. 예전에는 중·고등학교에서나 있을 법한 일들이 요즘은 초등학교 고학년 사이에 많이 벌어지고 있으며, 이로 인한 생활지도의 어려움으로 고학년 담임을 기피하는 일이 많은 편이다. 이는 단순히 싸움에 가담한 아이들의 문제로 끝나는 것이 아니라 지역의 중·고등학교 조직이나 성인 조직과도 연계되어 있을 수 있으므로 초등학교에서 패싸움이 일어날 경우 그냥 기분이 나빠서 화풀이하는 식의 작은 문제가 아니라는 의식을 가지고 아이를 지도하여야 한다. 그렇지 않으면 호미로 막을 일을 가래로도 힘들게 될 수 있다.

♡ 정서적 지원에 힘쓴다. 많은 경우 폭력행동에 가담한 아동들은 처벌보다는 억울함, 분함, 두려움과 같은 심리적 문제를 호소하고자 하고, 폭력 상황을 어떻게 받아들여야 하는지에 대해 호소한다. 따라서 상황에 대해 경청하면서 현재 심정에 대해 충분히 공감해 주는 것이 필요하다. 그러나 무조건 편을 들어주어서는 곤란하다.

♡ 구체적인 상황, 상황과 관련된 맥락에 대해 알아본다. 구체적인 사건과 상황, 가해자와의 관계, 주변에 사람들이 있었는지와 그들의 반응, 이전에 유사한 사건의 유무, 사건 이후 어떻게 행동했는지, 피해 정도는 어떠한지, 현재의 심정과 바람 등을 살핀다.

♡ 가해자 혹은 피해자 자신과 관련된 다른 유사 사건의 유무를 확인한다. 경우에 따라서는 문제를 해결함에 있어서 다른 친구들의 도움을 받을 수도 있

고, 피해자가 숨기는 개인적인 이유가 관련되어 있을 가능성도 있으므로 이를 파악한다. 유사 사건이 있는 경우, 가능한 증거를 확보한다. 진술서, 증인, 문자나 음성 메세지 등.

💗 어떤 식의 문제 해결을 원하는지, 지금까지 어떤 노력을 했었는지 파악한다. 정서적 지지나 조언을 원하는지, 담임교사나 다른 교사에게 피해 사실을 알리고 싶으나 보복이 두려운지, 직접 문제 해결에 나설 용의가 있으나 방법을 몰라 조언을 청하는 것인지 등을 파악한다.

💗 개별상담과 더불어 친구 사귀기 프로그램, 자기표현훈련 등의 집단상담에 참여하도록 권하는 것도 도움이 된다.

💗 아이들 사이의 패싸움이 외부 조직과 연관되어 있는지 확인하고 그런 경우에 학교는 물론이고 지역사회와 협력하여 대처할 방법을 찾는다.

폭력아동을 위한 집단상담 프로그램의 실시

민수처럼 단체로 패싸움을 주동하거나 휘말린 아이 전체를 대상으로 집단상담을 실시해 보는 것도 좋다. 참고할 만한 예를 하나 들어본다.

			반공격성 훈련을 위한 집단상담 프로그램(문용린 외, 2006)	
단 계	회 기	목 적	내 용	방법적 기술
도 입	1회기	참가자 관계 형성 인지적 트레이닝	파트너 인터뷰 나의 커다란 세계	• 직면: 자신의 문제 행동 직면 • 인터뷰: 자신 및 타인 탐색, 언어적 표현
	2회기	비폭력적 신체 접촉 자기 자신과의 대결	빈 의자를 향하여 우리 서로를 알아 볼까?	• 문제 설명: 자신의 감정과 문제 행동을 언어로 표현 • 재조명: 변화를 요구하는 인식의 재구조
전 개	3회기	참가자들의 신뢰감 형성 인식의 재구성	믿자 트레이닝 폭력 이미지 분석	• 문제 설명: 자신의 감정과 문제 행동을 언어로 표현 • 재조명: 변화를 요구하는 인식의 재구조
	4~5회기	오감을 통한 공격성 표현 자기 문제 직면 공간적 제약 느끼기	시청각 자료 점토 표현 뜨거운 자리	• 시청각 자료: 시각 자료를 통한 피해학생에 대한 공감과 현실감 재연 • 점토 만들기: 자신만의 표현력을 자신감, 창조성, 집단 소속감

전 개	6~7회기	갈등해결기술 강화	나 나갈래 역할극	• 역할극: 문제행동 인식과 대처 방안적 행동 모색, 갈등해결기술 익히기
	8회기	학교폭력 피-가해자 체험	종이동상 만들기 화난 공놀이	• 종이공 놀이: 피해학생의 입장에서 상황 겪기
정 리	9~10회기	분노 · 증오감 해소	분노의 쪽지 태우기 마음의 선물하기 종이동상 만들기 화난 공놀이	• 편지 쓰기: 피해학생에 대한 공감과 자신의 행동 후회, 피해학생과의 거리감 좁히기

욕을 해도 아픈 마음

언어 폭력을 장난으로 하는 아동

일상언어가 욕설인 아동

욕으로 스트레스를 푸는 아이

폭력을 심하게 사용하는 아이

친구를 폭력으로 괴롭히는 아이

3

언어 폭력을 장난으로 하는 아동

no.1 민석이가 맞짱 뜨재요

언어 폭력이 심한 아이

 타인의 인격을 무시하는 저속하고 야비한 말이나 욕설을 함으로써 타인이 마음에 심한 상처나 모욕감, 모멸감을 주는 경우다.

 민석이는 학기 중에 전학 온 5학년 남자아이다. 부모의 이혼으로 아버지와 단둘이 생활하고 있으며, 화물차 기사인 아버지의 잦은 이동으로 이미 전학을 두 번이나 다닌 상태다. 학습 정도는 5학년 수준의 문제 해결이 조금 어려운 상태다. 친구관계는 처음에는 잘 어울리는 듯하였으나 거친 언행으로 인해 친구들이 점점 떨어져 나갔다. 한참이 지나자 민석이의 협박과 행동에 겁이 나서 원하지 않지만 함께 다니는 아이들이 생기게 되었다.

교사의 대처

 아이들의 호소로 민석이의 행동에 대해 담임교사는 여러 차례 상담을 시도하고 다짐을 받았으나 한 달이 지나도록 행동에 그다지 변화가 없었다. 오히려 교사의 눈치를 더 살피고 학급 아이들의 반감을 사고 있었다. 담임교사는 도덕 시간을 이용하여 아동 전체를 상대로 무기명 설문지를 실시하였다. 친구관계에 있어서 자신의 고민이나 친구들이 친구 문제로 고민하는 것을 알고 있으면 솔직히 적으라고 하였다. 설문지를 검토하고 민석이를 남겨서 민석이에 대해 친구들이 적은 내용 모두를 읽어 보게 하여 친구들이 자신에 대하여 가지고 있는 감정에 대해 직접 마주쳐 보도록 하였다.

민석이는 한 장 한 장 읽으며 생각을 많이 하는 기색이 보였고, 자신이 한 일에 대해 반성하는 모습을 보였다. 그 일이 있은 이후로는 친구들을 이상하게 놀리는 행동이나 괴롭히는 일, 싸움을 하던 것도 조금씩 줄어들었다. 다행이다 싶었다. 그래도 생각이 깊고 남을 잘 배려하며 민석이에게 별 감정을 가지고 있지 않은 친구를 짝지어 주고 같이 활동하는 기회를 자주 주었다. 그리고 방과 후에는 남아서 함께 공부하는 시간을 늘렸다. 민석이에게 차츰 변화가 오고 있었다.

교사의 대처 방법 분석

잘한 점

_ 아이의 행동에 대해 여러 차례 상담을 시도하였다.

_ 아이의 잘못을 직접 꾸짖지 않고 스스로 느끼도록 유도하였다.

_ 생각이 깊고 남을 잘 배려하는 친구와 짝을 지어 주고 같이 활동하는 기회를 자주 주었다.

_ 방과 후에 남아서 학습결손을 보충할 수 있는 기회를 제공하였다.

개선할 점

_ 아이가 언어 폭력을 장난으로 하게 된 이유를 알아볼 필요가 있다.

_ 부모상담을 통하여 가정과 연계하여 지도할 필요가 있다.
_ 바람직한 행동을 구체적으로 지도할 필요가 있다.

 상담적 접근

일반적으로 할 수 있는 관심과 배려

• 전학을 왔으므로 학교생활에 잘 적응하고 있는지 관찰한다.

• 아이들을 괴롭힌 사실에 대해 잘못을 인정하지 않고 장난으로 했다는 것으로 보아 친구들에게서 인정과 관심을 받고 싶은 마음에 그런 행동을 했을 것이므로 친구들과 사이좋게 어울려 놀 수 있는 방법을 지도하고 함께 어울릴 수 있는 기회를 만들어 준다.

• 교사가 아이의 잘못을 지적할 때 반항하지 않고 수긍한다는 것은 마음이 비뚤어졌거나 반항적인 아이가 아니라는 것이므로 교사는 이 점을 염두에 두고 친구들과 사이좋게 노는 모습을 보일 때 칭찬과 격려를 해 주어야 한다.

• 결손가정의 아이므로 아버지와 상담을 통해서 학교에서 보이는 아이의 행동 특성과 그런 행동을 하는 이유를 이야기하고, 아버지로 하여금 아이와

많은 대화 시간을 갖고 여러 가지로 세심하게 배려하도록 돕는다.

- 아이가 좋아하는 친구와 짝을 만들어 주어서 친구와 사이좋게 지내는 방법을 스스로 터득하도록 한다.
- 학급에서 친구들과 어울리는 방법을 잘 몰라서 바람직하지 못한 방법으로 친구들과 교류하고 있는 상태이므로 이상한 말을 하고 싶을 때는 말을 하지 말고 친구관계가 좋은 친구들의 행동을 관찰만 하도록 한다.
- 모둠이나 집단활동을 많이 하도록 학급 상황을 구성하여 친구들과 자연스럽게 접할 수 있는 기회를 줌으로써 바람직한 방법으로 친구를 사귀는 방법을 터득하게 한다.

구체적인 전략

 남의 입장이 되어 보는 역할극 제시하기

교사는 역할극을 하기 전에 아이들에게 다음과 같은 내용을 설명한다.

- 지금 우리 학급에는 민석이의 이상한 말과 놀리는 행동 때문에 친구들이 괴로워하고 서로 원만하게 지내지 못하는 문제가 있다. 따라서 역할극의 초점을 여기에 맞출 것이고 역할극을 한 다음에는 서로의 역할을 하면서 느낀 점, 관객의 입장에서 보고 느낀 점 등을 토론할 것이다. 이를 통해 민

석이의 행동이 좋아지고 학급 분위기 전체가 개선되도록 할 것이다.

- 욕이나 이상한 말을 하는 역할을 하는 아이, 욕이나 이상한 말을 듣는 역할을 하는 아이로 나누어 역할극을 한다. 역할극에 참여하지 않는 아이들은 각 역할을 하는 아이의 입장이 되어 그들의 기분이나 느낌이 어떠할지를 생각한다.
- 역할에 참여하는 아이는 자발적으로 결정하도록 하되 민석이는 관객이 되도록 한다.
- 담임교사는 역할극에 참여할 아이들을 따로 불러서 이번 역할극의 목적을 한 번 더 설명한다. 그리고 역할극을 실행할 상황은 지금까지 경험했던 내용을 중심으로 아이들 마음대로 짜보게 한다. 당하는 입장의 아이들은 평소대로 당하기만 하는 아이, 대들어서 싸우는 아이로 나누어 연기해 보도록 한다.

[역할극 후 전체 토론 활동 실시하기]

자유롭고 솔직하게 토론할 수 있는 분위기를 조성함으로써 학급 아이들이 생각하고 느낀 점을 마음껏 표현하도록 한다.

[민석이와 이야기 나누기]

학급 전체 토론을 마친 뒤에 민석이를 따로 불러서 친구들의 이야기를 듣거나 역할을 한 아이들의 입장에서 느낀 점, 자신이 지금까지 한 행동에 대해 느낌 점을 기록하게 한다. 기록한 내용을 보면서 욕이 나쁜 이유와 해서는 안 되는 이유를 구체적으로 예를 들면 가며 이야기한다.

[민석이에게 앞으로의 다짐 받아두기]

민석이와 이야기를 나누고 앞으로의 다짐을 서약서에 받아두되 앞으로도 욕을 하거나 친구들을 괴롭히는 말을 하게 되면 교사가 여러 가지 벌을 줄 것이라고 단호하게 말한다.

[교사가 줄 수 있는 혐오적인 자극이나 벌주기]

민석이가 좋아하는 활동을 하지 못하게 한다.

(예) • 체육시간에 가만히 앉아서 구경만 하기
  • 쉬는 시간에 자기 자리에 꼼짝없이 앉아 있기
  • 일정 시간 동안 다른 친구들과 말을 하지 않기
  • 점심시간에 혼자 밥먹기
  • 수업시간에 친구들과 멀리 떨어져 앉기
  • 욕 한 번 할 때마다 A4용지에 자신이 한 욕을 빽빽하게 쓰고 선생님 앞에서 읽기
  • 반성문 쓰기: '예의바른 친구들 앞에서 친구에게 욕을 해서 친구의 자존심을 상하게 하고 마음 아프게 한 것을 반성합니다.' '친구에게 욕하지 않기로 약속했는데 약속을 지키지 못해서 죄송합니다.' 등의 반

성문을 여러 번 쓰게 한다.

• 반성문 내용을 교장선생님이나 교감선생님 앞에서 읽기

[친구, 부모와 협력하기]

앞의 벌을 주어도 학교 외의 장소에서 욕을 할 우려가 있으므로 부모, 친구
의 도움으로 아이가 어디서든 심하게 욕을 하는 경우를 발견하면 교사에게 반
드시 알리도록 한다.

일상언어가 욕설인 아이

no.1 지훈이는 욕쟁이에요

지훈이는 그런 말을 어디서 배웠니?

우리 외할아버지가 외할머니한테 말할 때 이런 말 써요.

그 말이 무슨 뜻인지 알고는 있어?

아니요.

뜻도 모르면서 왜 자꾸 그런 말을 쓰니?

그런 말을 쓰면 아이들이 화내고, 그런 게 재미있어요.

친구들이 너한테 화내는 것도 재미있다고?

네……

네가 쓰는 그런 말은 욕이야, 욕은 나쁜 사람들이 쓰는 건데……. 지훈이 나중에 나쁜 사람 되고 싶어?

아니요…….

그럼 내일부터 그런 말 쓰지 마!

네.

남의 기분 따위는 전혀 고려하지 않고 하고 싶은 대로 거칠거나 지저분한 말을 하는 것을 욕설이라고 하는데, 욕설을 했을 때 보이는 친구들의 반응에 재미를 느끼며 인격을 무시하는 모욕적인 말을 거침없이 하는 경우다.

지훈이는 2학년 남자아이다. 학습에 문제는 없는데 2학년 아이 입에서 나오는 말이라고 믿지 못할 만큼 친구들에게 마구 욕설을 해댔다. 교사가 지적을 하면 금방 잘못했다는 듯이 고개를 숙이고 그러지 않겠다고 해놓고 다시 욕을 섞어 가며 친구들에게 이야기를 해서 친구들과 다투곤 한다. 부모가 이혼을 해서 외조부모와 함께 사는데 어머니는 주말에 한 번 정도 만난다. 외할아버지가 외할머니에게 이야기를 할 때 꼭 욕을 섞어서 말을 한다고 한다. 그 영향으로 수업시간 발표를 할 때도 교사의 존재를 무시하고 한두 가지씩 욕을 쓰면서 발표하여 아이들을 소란하게 만들고, 친구들의 반응에 즐거워한다.

교사의 대처

처음 욕을 했을 때에는 꾸중을 했으나, 꾸중을 듣고도 또 다시 시작되는 욕설에 가정의 협조가 필요함을 느껴 알림장에 지훈이의 현재 언어 생활을 설명하고 가정에서의 지도를 요청했지만 답장이 돌아오지 않았다. 지훈이에게 욕의 의미를 물어보니 의미도 모르는 채 욕하는 자체가 그냥 재미있고 친구들이

화를 내며 반응하는 것이 재미있어서 사용한다고 하였다. 그래서 하룻동안 지훈이가 사용하는 욕설을 친구들에게 기록하게 하고 기록된 사실을 바탕으로 혼자 교실에 남겨서 그 욕설이 무슨 뜻인지 어떤 사람들이 그런 욕을 사용하는지 알려 주었다. 그리고 교사가 직접 지훈이에게 몇 가지 욕을 한 후 기분이 어떤지 말하도록 하고, 지훈이의 욕을 들었을 때 친구들의 기분이 어떠했을지를 간접적으로 체험시켰다. 다음에도 욕을 하면 지훈이가 욕을 한 상대에게 2시간씩 신하가 되어 봉사를 하도록 약속했다.

교사의 대처 방법 분석

잘한 점

_ 아이의 언어 사용 상태를 가정에 알렸다.
_ 아이가 한 욕의 의미를 하나하나 알게 하고 욕을 하면 나쁜 것이라는 점을 알게 했다.
_ 친구들이 아이의 욕을 들었을 때 기분이 어떠했을지를 스스로 느끼게 하였다.
_ 앞으로 욕을 하면 친구들의 신하가 되는 벌을 준다고 함으로써 욕을 하지 않도록 예방하였다.

개선할 점

_ 가정과 연계하여 아이가 욕을 하는 이유를 파악한다.
_ 가정의 협조를 구할 수 있는 좀 더 적극적인 방법이 필요하다.

_ 친구들과 바람직한 관계를 만들려면 어떻게 해야 하는지 지도할 필요가 있다.

_ 바람직한 언어 사용 지도 방법의 제시가 필요하다.

상담적 접근

일반적으로 할 수 있는 관심과 배려

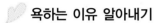

욕하는 이유 알아내기

아동이 욕을 하는 이유가 무엇인지 구체적으로 알아내야 한다. 아직 2학년이라서 욕하는 이유를 분명하게 말하지 못한다면 어머니와의 만남을 통해서라도 알아내어 올바른 지도가 되도록 힘써야 한다.

욕하는 이유를 알아내었다면 욕할 때의 기분을 알아본다. 그리고 욕하는 것이 정말 좋은지, 만약에 나쁘다면 앞으로 어떻게 하면 좋은지 아동과 의논한다. 만약 아동이 욕을 하는 것을 고치고자 하는 의지가 있다면 교사는 아동에게 어떤 방법으로 고쳐 나가면 좋은지 상의하여 아동의 의견대로 수정 방법을 채택하고 스스로 고쳐 나갈 수 있도록 도움을 준다. 그리고 아동이 원하는 것을 욕설 대신 바람직한 방법을 이용하여 얻을 수 있도록 함께 알아보고 실천하도록 돕는다.

욕설로 피해를 입은 아동 지도

욕설로 피해를 입은 아이와 면담하여 상대가 거친 언어를 사용할 때 어떤 방법으로 대처하면 좋은지를 연습하고, 욕설을 듣고도 전혀 반응하지 않는 것도 좋은 방법임을 알려 준다.

아이를 이용하여 외할아버지의 욕 줄이기

지훈이는 욕을 잘하는 외할아버지의 영향으로 학교에서 욕을 하다가 혼이 나거나 벌을 받고 있다. 외할아버지는 교사가 구하는 협조에 반응이 없으므로 오히려 아이를 통해 할아버지의 욕을 줄이도록 할 수도 있다. 아이들은 부모 말은 듣지 않아도 선생님 말은 잘 듣는 경향이 있으므로 다음 예처럼 외할아버지가 욕을 줄여 갈 수 있는 방법을 찾아보자. 부모는 더러 아이들이 하는 말에 자극을 받아서 자신의 행동을 수정하기도 한다.

다음과 같은 말을 함으로써 외할아버지 스스로 손자를 위해서 욕을 줄여 가도록 자극을 준다.

- 선생님께서 제 입에서 자연스럽게 나오는 욕을 보니 집에서 누군가 욕을 하는 사람이 있는 것 아니냐고 그러셔요.
- 외할아버지께서 하시는 욕을 많이 들어서 그런지 저도 모르게 학교에서 욕을 많이 해서 친구들이 저를 싫어하고 선생님께 많이 혼나요.

- 학교에서 욕을 하는 사람은 마음이 나빠진다고 선생님이 욕하지 말라고 했어요.
- 학교에서 욕을 해서 선생님에게 혼이 나고 있으니까 제가 욕할 때마다 외할아버지께서 지도해 주세요. 친구들과 좋은 사이가 되고 싶어요.
- 선생님께서 그러시는데 친구들에게 욕을 하거나 나쁜 말을 자꾸 하면 친구가 모두 떨어져 나간대요.

🍃 아이 어머니를 이용하여 외할아버지의 욕 줄이기

- 다행스럽게도 지훈이는 신체적 폭력성을 보이거나 행동이 난폭한 아이가 아니고 욕이 일상화된 외할아버지의 영향으로 뜻도 모른 채 그저 재미로 욕을 사용하고 있다. 그러므로 교사는 평소에 아이가 욕하는 장면과 아이들의 반응을 비디오로 촬영해 두었다가 어머니와 상담할 때 활용하여 지도의 필요성을 느끼도록 한다.
- 아이가 고운 말을 사용할 수 있게 어머니와 외할아버지가 잘 의논하여 좋은 방법을 찾아가도록 당부한다.

욕을 들었을 때 어떤 느낌이 드는지 체험시키기

교사는 아이가 욕하는 모습을 발견하면 스스로 거울을 보면서 똑같은 욕을 하도록 하고 자신이 욕하는 모습을 본 느낌을 이야기하도록 한다. 또한 아이가 다른 사람에게 욕을 할 경우에는 상대방으로부터 똑같은 말을 열 번 되풀이하여 직접 듣게 함으로써 다른 사람에게서 욕을 들었을 때의 느낌이 어떤지 알아본다.

포화의 원리 이용하기

지훈이가 욕하는 모습을 발견하면 5분 정도 계속해서 지훈이에게 자신이 한 욕설을 반복하도록 한다. 자신이 한 욕이지만 반복하도록 하면 지겨워서 다음부터는 말을 조심스럽게 하게 된다.

욕을 차단하는 학급 환경을 조성하기

학급 전체를 상대로 하여 욕도 폭력이라는 것을 사례를 들어 지도하고 학급에서 '고운 말 왕' 등의 제도를 마련하여 고운 말이 일상화되도록 학급 환경을 조성한다. 이때 스티커나 다른 강화물을 이용한다.

💛 욕하지 않는 행동 강화하기

고운 말을 사용하거나 바람직한 모습으로 친구들과 어울릴 때 교사가 직접
아이의 스티커를 붙여 주며 칭찬이나 미소를 보낸다.

💛 욕하는 장면이 나오는 비디오나 영화를 보고 느낌 말하기

비디오나 영화를 보면서 욕하는 사람에게 어떤 느낌이 드는지 이야기를 해
보고 욕하는 모습은 착하고 바르게 자라야 할 어린이가 입에 담아서는 안 된다
는 것을 지도한다.

💛 욕 대신 사용할 수 있는 대체 언어 함께 알아보기

지훈이는 친구들과 사이좋게 지내고 싶은 마음을 가지고 있으나 적절하게
표현할 줄을 모르고 있으므로 자신이 진심으로 하고 싶은 말을 어떻게 표현해
야 하는지 교사와 함께 알아본다.

(예) • 애들아, 나도 너희랑 게임이 하고 싶은데 같이 하면 안 될까?

  • 그 놀이 참 재미있어 보인다. 나도 그 놀이 잘하는데…….

  • 와, 오늘 입은 옷 참 멋지다. 어디서 샀니?

욕으로 스트레스를 푸는 아이

no. 1 친구들 앞에서 다시 말해 봐

얘들아, 수업 시작하자. 모두 자리에 앉아.

아, 짜증나. 씨O, 아우 씨, 씨O.

한별이, 너 지금 뭐라고 했어? 박한별, 일어서. 너 지금 선생님과 친구들 앞에서 한 말 다시 해 봐.

아우, 짜증나.

박한별, 교실 뒤로 나가. 서서 반성해.

아우, 씨~.

한별아, 아직도 네가 뭘 잘못했는지 모르겠니?

저는 반성할 게 없는데요.

한별아, 요즘 무슨 고민이 있니?

요즘은 짜증나는 일밖에 없어요.

이유가 뭔데?

언니는 중학생인데 똑똑하고 예쁘고 공부도 잘해서 엄마 아빠 사랑을 독차지해요. 저도 나름대로 노력하지만 언니만큼 잘하지도 못하고 엄마 아빠도 언니만 좋아하지 저한텐 관심도 없어요.

그렇다고 학교에서 매일 욕을 쓰면 되겠어?

짜증나는데 어떻게 해요?

엄마랑 싸운 날은 더 짜증이 나요.

그런 사실을 엄마도 알고 계시니?

글쎄요.

심리적인 스트레스를 거친 욕설로 푸는 경우다.

한별이는 5학년 여자아이다. 1학기 동안은 크게 문제되지 않다가 2학기에 접어들자 거칠게 행동하고 반항적이 되었다. 또래보다는 주로 언니 또래인 중학생들과 어울리면서 말끝마다 욕을 하게 되어 친구들과의 사이도 안 좋아지고 학급 분위기를 나쁘게 만들었다.

교사의 대처

담임교사는 수업시간 및 쉬는 시간에도 끊임없이 욕을 하는 한별이를 보며 당황하고 기분도 상하였다. 교실 뒤에 세워 반성할 기회도 주고 좋아하는 행동을 하지 못하도록 행동을 제약하는 벌을 주기도 했다. 그러다가 대화를 통해 한별이가 중학생 오빠들과 어울리면서 욕을 배우게 되었다는 사실을 알게 되었다. 한별이가 부모님 사랑을 독차지하는 언니에게 불만이 많고 부모님과 싸울 때 더욱 짜증을 낸다는 것도 알게 되었다. 교사는 한별이로 하여금 부모님께 자신의 불만을 진지하게 이야기하도록 권유하였다.

잘한 점

_ 욕설을 사용할 때마다 해당되는 벌을 주었다.

_ 아이가 욕설을 하는 이유를 상담을 통해 알아보았다.

_ 부모님께 자신의 불만을 이야기하도록 권유하였다.

개선할 점

_ 교사는 아이가 얼마나 많은 욕을 자주 사용하고 있는지 스스로 살펴볼 기회를 제공한다.

_ 욕설을 하는 대신 올바른 표현법을 사용하도록 지도한다.

_ 고운 말을 사용할 때마다 칭찬을 해 준다.

_ 부모와 상담을 하여 부모가 한별이를 대하는 방식을 개선하도록 돕는다.

_ 교사는 아이가 욕하는 습관을 개선할 수 있는 구체적인 방법을 제시할 필요가 있다.

_ 아이가 욕설을 자주 할 경우에는 생활 주변 환경을 살펴보아야 한다. 특히 한별이의 경우에는 함께 어울리고 있는 오빠들의 영향이 클 수도 있다. 따라서 오빠들에 대한 분석이 이루어져야 한다. 오빠들은 어떤 성향을 가졌는지, 한별이와는 어떤 방식으로 교류하는지, 그리고 한별이는 이들과의 교류를 통하여 어떤 영향을 받고 있는지를 살펴보아야 한다.

_ 아이가 문제행동을 보이는 경우 많은 원인을 가족에게서 찾아볼 수 있다. 특히 한별이는 자신보다 여러 면에서 우월한 언니와 비교됨으로써 가족관계에서 심한 열등의식을 가지고 있다. 따라서 이러한 언니에 대한 열등의식과 시기, 질투심을 파악하고 이에 대한 적절한 대처 방안을 세우는 것이 필요하다.

상담적 접근

자신의 행동을 관찰하여 자각하도록 돕기

• 자신이 알고 있는 욕설을 모두 적어 보도록 한다.

• 기록장을 마련하여 날짜를 적고 욕을 사용할 때마다 기록해 보도록 한다.

• 하루에 몇 번 욕을 하는지, 욕을 하는 이유는 무엇인지를 기록한다.

• 자신의 행동 중 문제점을 스스로 진단해 보도록 한다.

• 친구의 도움을 받아 자신의 행동을 살핀다.

• 친구로 하여금 욕설 사용 횟수를 기록하게 한다.

• 매일의 기록을 그래프로 나타내 보도록 하여 자신이 욕을 하는 상황을 객관적으로 살펴보도록 한다.

• 비디오를 촬영하여 자신의 행동을 관찰하게 한다.

• 친구들과 자신이 알고 있는 욕설을 모두 사용하는 연극을 해 본다.

• 이를 녹화하여 본 뒤, 느낀 점을 기록한다.

부모를 끌어들이기

- 부모와 상담을 하여 부모가 아이를 대하는 방식을 개선하도록 돕는다.
- 부모가 두 아이를 대하는 방식을 함께 살펴보도록 한다.
- 아이가 욕설을 많이 사용하는 이유를 찾도록 돕는다.
- 아이의 욕설을 줄이기 위해 함께 노력할 점을 알아본다.

구체적인 전략

 바른 표현법 사용하기

욕을 사용하는 대신 자신의 마음을 전달하는 표현법을 익히고 사용하도록 돕는다. 화가 났을 때는 다음과 같은 단계로 행동해 보도록 한다.

- 싫은 표정이나 화난 표정을 짓도록 한다.
- 자신이 어떤 이유로 화가 나 있는가를 상대방에게 솔직히 밝히도록 한다.
- 욕이 나오려고 할 경우 일단 그 자리를 피하도록 한다.

욕을 대신할 수 있는 단어를 사용하도록 하기

욕이 나올 때마다 약속된 언어, 예를 들면 '바나나' '사랑해' 등의 말을 사용하는 훈련을 한다.

🤍 고운 말을 사용할 때 적극적인 칭찬하기

매주 고운 말을 쓰는 아이들을 뽑아 담임이 직접 상장을 주는 등 고운 말을 쓰는 분위기를 형성한다.

🤍 강화물을 이용하여 습관적인 욕설 교정하기

- 아이와 행동수정의 목표를 설정한 뒤, 토큰 5개를 주고 욕을 하면 한 개씩 빼앗기
- 다른 사람을 칭찬하는 말을 할 때 토큰을 한 개씩 주기
- 일주일 뒤 토큰이 5개 이상이 되면 보상하기
- 토큰을 다 빼앗긴 경우 약속된 벌 주기

🤍 친구 끌어들이기

욕설하는 아이의 토큰 수에 따라 학급 친구들이 강화를 받게 함으로써 욕설하는 친구가 토큰을 받도록 친구들이 돕게 한다.

폭력을 심하게 사용하는 아이

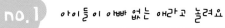

no.1 아이들이 아빠 없는 애라고 놀려요

건우야, 오늘 왜 진호에게 의자를 던졌는지 말해 줄 수 있니?

......

네가 말을 안 하면 네 마음을 어떻게 아니? 무슨 일이 있었어?

저, 애들이 제 흉을 봤어요.

그래? 애들이 네 흉을 봤다고? 진호 얘기로는 너를 흉본 게 아니라 네가 다른 사람과 닮았다고 했다는데?

하여간 제 얘기를 했어요.

친구들이 네 얘기를 하는 게 싫은가 보구나? 그게 왜 싫은지 이야기해 줄래? 말하기 싫으니?

......우리 반 애들 나를 아빠 없는 아이라고 놀린단 말이에요.

우리 반 아이들이 너를 놀렸다고?

네....... 모두 다 그래요.

그건 오해야, 선생님이 보기에는 잘못 알고 있는 것 같은데

폭력을 사용하는 원인에 따라 구분해 볼 때 내면적인 피해의식으로 인해 폭력을 쓰게 되는 경우다.

건우는 5학년 남자아이다. 2학년 때 아버지가 돌아가신 뒤로 주변 아이들로부터 '애비 없는 자식'이란 소리를 들었다고 한다. 그 후로 건우는 아버지 이야기만 나와도 피해의식에 사로잡혀 남들이 이야기하는 것을 보면 자기 이야기를 하는 것으로 오해하고 폭력을 사용해 학교생활에 어려움을 겪고 있다.

교사의 대처

담임교사는 수업시간에 별 문제도 아닌 데 학급 아이들과 이야기를 하다가 갑자기 자기 이야기를 했다고 상대방을 때리고 의자를 집어 던지는 등의 폭력을 쓰는 건우의 행동에 당황하였다. 어머니와 상담을 통해 건우가 전문가의 치료를 받도록 권유하여 병원치료를 시도하였으나 자신을 화나게 했다는 이유로 의사 선생님까지 때렸고, 그 뒤로 치료를 중단하게 되었다. 건우의 폭력이 심해져 학급 분위기가 험악해지고 담임교사도 건우에게 맞을까 봐 두려워하게 되었다.

어머니와의 대화를 통해 건우가 2학년 때 아버지가 돌아가셨고 아이들의 놀

림과 아버지가 돌아가신 데 대한 심리적 충격으로 피해의식을 갖게 되었음을
알게 되었다. 그 뒤로 담임교사는 건우의 마음을 타이르고 다독여 폭력을
줄이려고 시도하였으나 효과를 보지는 못하였다.

교사의 대처 방법 분석

잘한 점

_ 아이와의 상담을 통해서 폭력적인 행동을 자제시키려고 노력하였다.
_ 어머니에게 전문적인 치료를 권유하였다.

개선할 점

_ 교사가 아이의 마음을 충분히 공감해 주고 다독여 주어야 한다.
_ 폭력적인 행동을 하는 아이에 대한 빠른 원인 파악이 필요하다.
_ 지속적인 상담으로 폭력적인 행동을 자제시키는 것이 필요하다.
_ 돌아가신 아버지에 대한 심리적 문제를 해결할 수 있는 방법이 필요하다.

 상담적 접근

 원인을 빠르게 파악하기

학급 아이들과 교사가 멀리함으로써 아이는 자신을 몰라 주는 주변 사람들에 대하여 더욱 멀리하게 되었고 폭력도 습관적으로 사용하였다. 교사는 건우가 폭력을 왜 사용하는지에 대해 빠르게 알아보고 대처해야 한다.

 건우와 지속적으로 상담하기

- 신뢰할 만한 관계를 형성하고 좋아하고 있다는 확신을 준다.
- 폭력의 결과에 대하여 자세히 설명해 준다.
- 폭력행동 자제를 위한 충동통제훈련을 시킨다.

 학급 아이들이 건우를 대하는 방식 지도하기

- 아이들에게 건우가 폭력을 사용한 이유를 알려 주고 건우의 아픈 곳을 건

드리지 않도록 사전에 지도한다.

• 다른 사람이 하는 말을 듣고 오해를 잘하므로 건우를 바라보고 이야기를 하거나 손가락으로 지시하는 등의 오해를 살만한 행동은 하지 않도록 지도한다.

• 단짝을 만들어 준다. 단짝과의 의사소통이 자연스러워지면 가까운 친구들과 돌아가며 짝하기 → 학급 친구들과 짝하기 등 친교 범위를 넓혀 간다.

🍃 가족이 아이를 대하는 태도 개선

가족상담을 통해 가족 모두 서로에게 소중한 존재임을 인식시킨다. 가정에서 아이의 존재를 인식시키고 도움이 되는 가족이 되도록 격려한다.

• 어머니 상담을 통해 아이가 화가 나면 누나를 때리고 욕하는 등의 거친 행동을 보일 때마다 어머니가 아이의 감정을 통제할 수 있도록 돕는다.

• 다른 사람에게 욕하거나 폭력을 쓰는 등의 행동을 해서는 안 된다는 것을 가정에서도 지도하도록 돕는다.

• 아이가 자신의 마음을 털어놓을 수 있는 환경을 마련해 준다. 아이가 마음을 열어 갈 수 있도록 아이를 존중하는 말과 행동으로 아이를 대하도록 한다.

• 칭찬하는 말을 필요할 때 자주, 적극적으로 사용한다.

• 학급에서 학습 도우미로서 친구들 돕기, 체육활동 시 체육기구 정리하기

등을 맡겨 칭찬의 기회를 제공한다.

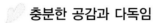 충분한 공감과 다독임

아이가 일단 자기의 마음을 털어놓았을 때 무엇보다 교사가 아이의 마음을 충분히 공감해 준다. 교사와 아이 모두 공감 훈련을 통해 공감 능력을 향상시킨다면 아이와 관계의 질을 높이고 갈등이나 타인과의 관계 향상에 도움이 된다.

공감 훈련을 하는 방법에는 여러 가지가 있는 데, 그중 하나로 '나-전달법' 이 있다.

'나-전달법' 이란 나를 주어로 하여 상대방의 행동에 대한 자신의 생각이나 감정을 표현하는 방식으로, 너를 주어로 하여 상대방의 행동을 표현하는 대화 방식인 '너-전달법' 과 대조된다.

(예) • 나-전달법: 할 일은 많은데 일이 자꾸 늦어져 걱정이구나.
    • 너-전달법: 넌 왜 일을 이렇게 빨리 못해?

'나-전달법'은 상대방에게 나의 입장과 감정을 전달함으로써 상호 이해를 도와 상대가 나의 느낌을 수용하고 자발적으로 자신의 문제를 해결하고자 하는 의도를 지니게 된다.

'너-전달법'은 상대에게 문제가 있다고 표현함으로써 상호 관계를 파괴하게 되어 상대방이 변명, 반감, 저항, 공격성을 보이게 되는 결과를 가져온다.

'나-전달법' 사용 원리는 다음과 같다.

- 문제가 되는 상대방의 행동과 상황을 구체적으로 말한다. 이때 어떤 평가, 판단, 비난의 의미를 담지 말고 객관적인 사실만을 말하는 것이 좋다.
- 상대방의 행동이 자신에게 미치는 영향을 구체적으로 말한다.
- 그러한 영향 때문에 생겨난 감정을 솔직하게 말한다.

기적 질문을 통해 돌아가신 아버지에 대한 감정 다루어 주기

기적 질문은 문제가 해결된 상황을 상상해 보도록 하여 잠시 떨어져서 자신의 문제를 돌아보게 하는 데 효과가 있다. 또한 자신이 해결하기를 원하는 것들이 무엇인지 명료화하는 데 도움을 준다. 예를 들면, 아버지가 살아계시지 않음으로써 많은 문제를 일으키는 아이의 경우에는 다음과 같이 실행해 보는 것이 효과적일 수 있다.

- 1단계: 아버지가 돌아가심으로써 생기는 여러 가지 현상 파악해 보기
    - 가정에서 어머니의 역할 파악하기
    - 아버지가 없음으로 인한 형제들이나 자신에게 미치는 영향 파악해 보기

- 경제적인 어려움이나 가족 생활상에서 나타나는 현상 파악해 보기(가족 행사나 입학식이나 생일 등과 같은 자신에게 중요한 생활사건이 있을 때 아버지의 부재로 인한 느낌 말해 보기)

- 2단계: 만일 아버지가 살아 돌아오신다면 어떤 일이 일어날지를 말해 보기, 아버지가 계시지 않음으로써 생겼던 어려움 이야기해 보기
  - 아버지에게 평소 하고 싶은 말은 무엇인가?
  - 살아 돌아오신 아버지와 함께하고 싶은 일은 무엇인가?
  - 아버지가 돌아오심으로써 우리 가정에 생긴 변화는 무엇인가?
  - 지금 나의 모습을 보신 아버지는 어떤 말씀을 하실까?

- 3단계: 아버지가 계시지 않은 현재 상황과 살아계신다면 일어나게 될 상황 비교하기
  - 가정에서는 어떤 상황이 달라지는가?
  - 나의 학교생활은 어떻게 달라지는가?
  - 앞으로 나의 삶은 어떻게 달라지는가?

친구를 폭력으로 괴롭히는 아이

no.1 선생님은 왜 나만 야단쳐요

남수야, 친구 목을 그렇게 조르면 어떻게 해!

어, 우리 노는 거예요, 그렇지~ 얘들아, 우리 장난하는 거지?

음……음…… 으응.
……

아무리 노는 것도 좋지만 그러다 다치면 큰일 나잖아, 지난번에도 레슬링한다고 영일이 위에 올라가 밟고 누르다가 결국 울게 만들더니…….

아이, 씨……
왜, 항상 선생님은 나만 야단치세요?

뭐라고, 선생님이 남수가 잘 했는데도 야단치는 걸까?

친구들에게 그렇게 하면 안 되는 거야, 다음부터 그러지 마!

남수 어머님이세요?

예, 선생님이세요? 남수에게 무슨 일이 생겼나요?

요즘 학교에서 남수가 친구들을 너무 힘들게 하는데요. 집에서는 어때요?

교무실

집에서는 아무 문제없는데요.

그래도 어머님께서 도와주셔야겠어요. 친구들이랑 장난하는 것이 도를 지나쳐서 아이들에게 괴로움을 주거든요.

도대체 무슨 일이 있었던 거죠? 남수는 오히려 다 같이 장난한 건데 선생님이 자기만 야단친다고 불만이더라고요! 아이들이 장난을 할 수도 있는거 아닌가요?

선생님이 너무 예민하게 남수를 몰아붙이시네요. 우리 남수는 엄격하게 키워서 집에서는 아주 예의가 바르고 거짓말을 하지 않는 아이거든요.

친구를 폭력으로 괴롭히는 아이

자신보다 약한 친구에게 자신이 해야 할 일 시키기, 꼬집기, 목 조르기, 물건 집어던지기 등 과격한 행동으로 괴로움을 주고 교사에게 꾸중을 듣거나 화가 나면 자신의 잘못은 반성할 줄 모르고 분풀이를 하는 경우다.

남수는 6학년 남자아이인데 4학년 때부터 전교에 소문이 자자할 정도로 약한 아이들을 괴롭혀 왔다. 또 교사의 눈을 피해 자신의 할 일을 다른 아이들에게 시키고 교문 밖으로 나가 놀기도 했다. 그럴 때마다 꾸중을 들으면 오히려 대들고 반항하며 화가 나서 아이들에게 분풀이를 하고 자신이 통제할 수 없을 정도로 과격한 행동으로 아이들을 괴롭힌다. 그리고 자신의 행동에 대해 전혀 반성할 줄을 모른다.

교사의 대처

남수의 행동이 워낙 도를 지나쳐 5학년 때 남자 선생님으로부터 잦은 꾸중과 매를 맞아 와서 매라는 처벌 방법은 아무런 효과가 없었다. 그래서 심부름도 시키고 칭찬도 해 보고 스스로 약속을 해 보게 하고 어긴 후에는 본인이 원했던 처벌을 받는 방법을 취했으나 그것도 소용없었다. 학급 아이들은 남수를 무서워하였고 남수의 나쁜 행동을 아무도 담임교사에게 이야기해 주지 않았으며 오히려 감싸 주고 그냥 넘어가곤 하였다. 점점 심해지는 남수의 행동에 어머니와 통화를 했으나 학교교육에 대해 전혀 이해하려고 하지 않고 자식을 감싸기에 바쁜 어머니라는 생각에 힘이 빠지기만 하였다. 한술 더 떠 교사가 차별 대우를 한다고 비난을 하면서 교육청에 알리겠다는 부모의 협박을 받고 보니 점점 남수에 대한 정도 떨어지고 무관심으로 일관하고 싶어졌다.

교사의 대처 방법 분석

_ 매가 효과 없음을 알고 역할 분담과 그에 따른 칭찬으로 보상하려고 하였다.
_ 어머니에게 아이의 학교생활을 알려 문제를 함께 해결하고자 시도하였다.

개선할 점

_ 아이 스스로 자신의 행동이 잘못되었음을 자각하게 할 필요가 있다.
_ 부모와 상담을 통해 문제 해결을 위한 노력이 필요하다.
_ 교사의 끊임없는 애정과 행동 교정을 위한 에너지와 시간의 투자가 필요하다.
_ 학급 아이들이 어떻게 대처해야 하는지에 대한 지도가 필요하다.
_ 바른 행동 변화를 일으킬 구체적인 전략이 필요하다.

상담적 접근

학교에서의 행동과 가정에서의 행동이 아주 심하게 다른 아이의 경우 가정에서 이루어지는 훈육 방법을 주의 깊게 살필 필요가 있다. 가정이 지나치게 엄격하거나 억압적이면 가정에서 눌러 놓았던 욕구를 학교에 와서 마음껏 해방시키려고 할 수도 있기 때문이다. 그러니까 부모는 아이가 얌전한 줄 아는데 학교에서 아이가 보이는 행동은 전혀 그렇지 않을 수 있다. 이런 경우 학부모와 상담을 하면서 문제의 원인을 파악하고 바람직한 대처법을 찾아가는 게 중요하다. 하지만 대개 학부모는 학교에서만 보이는 자녀의 행동 문제를 잘 납득하려고 하지 않기 때문에 학부모와의 상담은 매우 조심스럽게 이루어져야 한다. 특히 아이의 폭력행동에 대해 상담할 때는 확실한 객관적 증거를 가지고 하는 편이 좋다.

폭력적인 부모의 행동을 모델링함으로써 이런 사태가 발생할 수도 있다. 이런 경우 부모와 직접 만나 부모상담이나 부모교육을 하면 좋겠지만, 부모가 쉽게 이에 응하지 않는 것이 문제다. 더구나 폭력 성향이 높은 부모라면 교사 쪽에서도 접근하기가 매우 불편하다. 상황이 이렇다면 학교행정가들에게 알리고 교육청 소속 전문상담가에게 의뢰하는 방법을 택할 수 있다.

💙 벌을 받고 매를 맞는 일에 익숙한 아이들에게 또다시 벌을 주고 매를 때리는 것은 효과를 얻기 어렵다. 오히려 이런 경우 아이의 예상을 벗어난 반응을 해 주는 편이 효과를 볼 수 있다. 이를테면 아이가 벌받을 행동을 하고 교사의 처벌을 기다리고 있을 때 아예 그 행동을 무시하거나 아니면 갑자기 아이의 좋은 행동이나 장점을 들어가며 칭찬을 해 준다. 이렇게 하면 처음에 아이는 교사의 행동에 어리벙벙한 반응을 보이다가 점차 적응행동을 늘여가게 된다. 물론 바람직한 행동이 나타나면 놓치지 말고 차별적 강화를 하도록 한다.

💙 아이 스스로 자신의 문제를 자각하게 한다. 폭력적인 행동을 하는 아이가 보면 사회적 지각력이 떨어지는 경우가 많이 발견된다. 그러므로 다른 아이가 어떤 행동을 하는 원인이나 이유를 오해하거나, 또는 자신의 폭력행동이 다른 아이에게 끼치는 영향에 대해 무지한 경우가 많다. 따라서 이들에게 사회적 맥락 속에서 자기 행동을 관찰, 반성하고 또 다른 사람들의 언행을 이해할 수 있도록 사회적 지각력을 키워 주는 방법을 활용할 필요가 있다.

자신의 문제 자각하기

[문제 행동 비디오로 촬영하여 보여주기]

평소에 쉬는 시간, 청소시간, 점심시간 등 아이의 문제행동을 비디오로 촬영하여 아이와 부모에게 어떠한 행동이 문제행동인지 스스로 모습을 볼 수 있는 기회를 제공한다.

[문제 행동에 대한 친구들의 감정 알게 하기]

괴롭힘을 당했거나 아동이 친구들을 괴롭히는 것을 본 친구들의 마음을 글로 쓰게 한 후 이 글을 아이에게 보여 주어 친구들의 솔직한 감정을 접할 수 있도록 한다.

 문제 해결을 위한 부모 면담하기

[가정환경을 알아보고 가정에서 할 수 있는 방법을 인지시키기]

• 부부간의 공격적인 태도가 원인일 때 부부관계를 개선하도록 도움을 줄 수 있다. 부모가 원하면 상담전문가에게 의뢰하는 것이 좋다.

• 대중매체나 컴퓨터 게임을 통하여 폭력행동이 강화된 것일 경우에 폭력적

인 환경을 제거하는 방법을 쓸 수 있다. 폭력적인 프로그램이나 게임에 너무 빈번하게 노출되지 않도록 부모와 상담하여 아이의 생활환경을 통제하도록 돕는다.

[부모의 양육 태도를 알아보고 아이의 문제 행동에 대처하도록 돕기]

- 아이의 공격성 표출이 부모의 과잉보호로 인한 자기중심적인 사고방식에 기인한 것인지 살펴보고 만일 그렇다면 조금씩 자기중심성을 벗어나 다른 사람을 배려하는 양육방식을 활용하도록 돕는다. 공감적 대화 양식, 나-전달법 등이 도움이 될 수 있다.

- 반대로 부모가 체벌을 가하며 너무 엄하게 양육한 결과 나타난 문제인지 살펴보고 만일 그렇다면 가정 분위기를 좀 더 허용적이고 부드럽게 가져가는 것이 아동을 돕는 길임을 부모에게 알려 준다. 부모가 강압적인 체벌 행동을 지속하면 아이가 심각한 문제 행동을 일으키거나 정신장애를 앓을 수 있다는 점을 부모에게 다소 과장되게 강조할 필요도 있다.

학급 아이들과 함께하는 대처 방법

[학급회의를 통하여 폭력에 관한 토론하기]

- 교사가 기대하는 행동을 설명하고 이를 학생이 어길 때 어떻게 할 것인지

의논하기
- 학급회의에서 일단 확정된 규칙은 일관성 있게 지켜 나가도록 하기
- 남수의 과격한 행동으로 인해 문제가 학급회의에 오르더라도 공격행동을 한 남수를 일방적으로 매도하는 회의가 되지 않도록 세심하게 배려하기

[아동 자치조직을 구성할 때 공격행동을 관리하는 역할을 맡기기]
- 교사를 돕는 도우미
- 학급 암행어사
- 학급의 폭력위기를 구조하는 학급수호천사

💛 문제 행동 교정을 위한 행동수정 전략

[자기감정 통제를 할 수 있는 '자기조절법' 기술 익히기]
남수는 6학년이기 때문에 본인 스스로 문제점을 파악하고 교정해 가도록 할 수 있다.
- 자기 자신이 문제 행동이 무엇인지 기록하기
- 어느 상황에서 자주 일어나는지 기록하기
- 그 행동으로 인해 오는 손해가 무엇인지 기록하기

남수가 자신의 행동을 관찰하고 상세히 기록하는 과정에서 자기 자신에 대한 새로운 모습을 발견하거나 문제의 심각성을 깨달을 수 있다.

[교사에게 순응하는 행동 가르치기]

- 교사가 분명한 지시를 내리기: '장난이라도 남에게 피해를 주는 일은 하지 않도록 해라.'
- 순응하지 않을 경우 치러야 할 대가를 미리 상의해서 정하기: 특권상실, 타임아웃 등을 활용한다.
- 교사의 지시에 잘 따르면 적절한 강화주기: 칭찬, 상점주기, 숙제 면제 등의 보상을 활용한다.
- 일관성 있게 적용하기: 때때로 문제 행동이 더 나빠져도 사기를 잃지 않고 계속해서 행동을 지도한다.

참고문헌

김우열 역(2003). **친구가 많은 아이로 키워라.** 서울: 가야넷.

김춘경 외(2004). **아동집단상담프로그램.** 서울: 학지사.

문용린 외(2006). **학교폭력 예방과 상담.** 서울: 학지사.

박성희(2009). **담임이 이끌어 가는 학급상담(2판).** 서울: 학지사.

박영희, 석말숙, 윤명숙 역(2004). **이혼가정 자녀를 위한 심리치료.** 파주: 양서원.

이정주 역(2006). **쌈짱과 얌전이의 결투.** 서울: 어린이작가정신.

조종숙(2005). 정보화 사회의 초등학교 사이버 윤리교육에 대한 연구. 군산대교육대학원 석사학위논문.

추병완, 김영은 역(2000). **갈등해결을 통한 학교폭력 예방.** 서울: 백의.

학교폭력예방재단(1996). **학교폭력 고통받는 아이들을 위해 무엇을 할 것인가.** 서울: 한울림.

{부 록}

학교폭력예방 및 대책에 관한 법률

학교폭력예방 및 대책에 관한 법률 시행령

학교폭력예방 및 대책에 관한 법률

[시행 2012. 5. 1.] [법률 제1388호, 2012. 3. 21., 일부 개정]

제1조(목적) 이 법은 학교폭력의 예방과 대책에 필요한 사항을 규정함으로써 피해
학생의 보호, 가해학생의 선도·교육 및 피해학생과 가해학생 간의 분쟁조정
을 통하여 학생의 인권을 보호하고 학생을 건전한 사회구성원으로 육성함을
목적으로 한다.

제2조(정의) 이 법에서 사용하는 용어의 정의는 다음 각 호와 같다.
1. '학교폭력' 이란 학교 내외에서 학생을 대상으로 발생한 상해, 폭행, 감금, 협
   박, 약취·유인, 명예훼손·모욕, 공갈, 강요·강제적인 심부름 및 성폭력,
   따돌림, 사이버 따돌림, 정보통신망을 이용한 음란·폭력 정보 등에 의하여
   신체·정신 또는 재산상의 피해를 수반하는 행위를 말한다.
1의2. '따돌림' 이란 학교 내외에서 2명 이상의 학생들이 특정인이나 특정집단
   의 학생들을 대상으로 지속적이거나 반복적으로 신체적 또는 심리적 공격
   을 가하여 상대방이 고통을 느끼도록 하는 일체의 행위를 말한다.
1의3. '사이버 따돌림' 이란 인터넷, 휴대전화 등 정보통신기기를 이용하여 학
   생들이 특정 학생들을 대상으로 지속적, 반복적으로 심리적 공격을 가하거

나, 특정 학생과 관련된 개인정보 또는 허위사실을 유포하여 상대방이 고통을 느끼도록 하는 일체의 행위를 말한다.

2. '학교'란 「초·중등교육법」 제2조에 따른 초등학교·중학교·고등학교·특수학교 및 각종 학교와 같은 법 제61조에 따라 운영하는 학교를 말한다.

3. '가해학생'이란 가해자 중에서 학교폭력을 행사하거나 그 행위에 가담한 학생을 말한다.

4. '피해학생'이란 학교폭력으로 인하여 피해를 입은 학생을 말한다.

5. '장애학생'이란 신체적·정신적·지적 장애 등으로 「장애인 등에 대한 특수교육법」 제15조에서 규정하는 특수교육을 필요로 하는 학생을 말한다.

제3조(해석·적용의 주의의무) 이 법을 해석·적용함에 있어서 국민의 권리가 부당하게 침해되지 아니하도록 주의하여야 한다.

제4조(국가 및 지방자치단체의 책무) ① 국가 및 지방자치단체는 학교폭력을 예방하고 근절하기 위하여 조사·연구·교육·계도 등 필요한 법적·제도적 장치를 마련하여야 한다.

② 국가 및 지방자치단체는 청소년 관련 단체 등 민간의 자율적인 학교폭력 예방활동과 피해학생의 보호 및 가해학생의 선도·교육 활동을 장려하여야 한다.

③ 국가 및 지방자치단체는 제2항에 따른 청소년 관련 단체 등 민간이 건의한

사항에 대하여는 관련 시책에 반영하도록 노력하여야 한다.

④ 국가 및 지방자치단체는 제1항부터 제3항까지의 규정에 따른 책무를 다하기 위하여 필요한 행정적·재정적 지원을 하여야 한다.

제5조(다른 법률과의 관계) ① 학교폭력의 규제, 피해학생의 보호 및 가해학생에 대한 조치에 있어서 다른 법률에 특별한 규정이 있는 경우를 제외하고는 이 법을 적용한다.

② 제2조 제1호 중 성폭력은 다른 법률에 규정이 있는 경우에는 이 법을 적용하지 아니한다.

제6조(기본계획의 수립 등) ① 교육과학기술부장관은 이 법의 목적을 효율적으로 달성하기 위하여 학교폭력의 예방 및 대책에 관한 정책 목표·방향을 설정하고, 이에 따른 학교폭력의 예방 및 대책에 관한 기본계획(이하 '기본계획'이라 한다)을 제7조에 따른 학교폭력대책위원회의 심의를 거쳐 수립·시행하여야 한다.

② 기본계획은 다음 각 호의 사항을 포함하여 5년마다 수립하여야 한다. 이 경우 교육과학기술부장관은 관계 중앙행정기관 등의 의견을 수렴하여야 한다.

1. 학교폭력의 근절을 위한 조사·연구·교육 및 계도

2. 피해학생에 대한 치료·재활 등의 지원

3. 학교폭력 관련 행정기관 및 교육기관 상호 간의 협조·지원

4. 제14조 제1항에 따른 전문상담교사의 배치 및 이에 대한 행정적 · 재정적 지원

5. 학교폭력의 예방과 피해학생 및 가해학생의 치료 · 교육을 수행하는 청소년 관련 단체(이하 '전문단체'라 한다) 또는 전문가에 대한 행정적 · 재정적 지원

6. 그 밖에 학교폭력의 예방 및 대책을 위하여 필요한 사항

③ 교육과학기술부장관은 대통령령으로 정하는 바에 따라 특별시 · 광역시 · 특별자치시 · 도 및 특별자치도(이하 '시 · 도'라 한다) 교육청의 학교폭력 예방 및 대책과 그에 대한 성과를 평가하고, 이를 공표하여야 한다.

제7조(학교폭력대책위원회의 설치 · 기능) 학교폭력의 예방 및 대책에 관한 다음 각 호의 사항을 심의하기 위하여 국무총리 소속으로 학교폭력대책위원회(이하 '대책위원회'라 한다)를 둔다.

1. 학교폭력의 예방 및 대책에 관한 기본계획의 수립 및 시행에 대한 평가

2. 학교폭력과 관련하여 관계 중앙행정기관 및 지방자치단체의 장이 요청하는 사항

3. 학교폭력과 관련하여 교육청, 제9조에 따른 학교폭력대책지역위원회, 제10조의2에 따른 학교폭력대책지역협의회, 제12조에 따른 학교폭력대책자치위원회, 전문단체 및 전문가가 요청하는 사항

제8조(대책위원회의 구성) ① 대책위원회는 위원장 2명을 포함하여 20명 이내의 위원으로 구성한다.

② 위원장은 국무총리와 학교폭력 대책에 관한 전문지식과 경험이 풍부한 전문가 중에서 대통령이 위촉하는 사람이 공동으로 되고, 위원장 모두가 부득이한 사유로 직무를 수행할 수 없을 때에는 국무총리가 지명한 위원이 그 직무를 대행한다.

③ 위원은 다음 각 호의 사람 중에서 대통령령으로 위촉하는 사람으로 한다. 다만, 제1호의 경우에는 당연직 위원으로 한다.

1. 기획재정부장관, 교육과학기술부장관, 법무부장관, 행정안전부장관, 문화체육관광부장관, 보건복지부장관, 여성가족부장관, 방송통신위원회 위원장, 경찰청장

2. 학교폭력 대책에 관한 전문지식과 경험이 풍부한 전문가 중에서 제1호의 위원이 각각 1명씩 추천하는 사람

3. 관계 중앙행정기관에 소속된 3급 공무원 또는 고위공무원단에 속하는 공무원으로서 청소년 또는 의료 관련 업무를 담당하는 사람

4. 대학이나 공인된 연구기관에서 조교수 이상 또는 이에 상당한 직에 있거나 있었던 사람으로서 학교폭력 문제 및 이에 따른 상담 또는 심리에 관하여 전문지식이 있는 사람

5. 판사ㆍ검사ㆍ변호사

6. 전문단체에서 청소년보호활동을 5년 이상 전문적으로 담당한 사람

7. 의사의 자격이 있는 사람

8. 학교운영위원회 활동 및 청소년보호활동 경험이 풍부한 학부모

④ 위원장을 포함한 위원의 임기는 2년으로 하되, 1차에 한하여 연임할 수 있다.

⑤ 위원회의 효율적 운영 및 지원을 위하여 간사 1명을 두되, 간사는 교육과학기술부장관이 된다.

⑥ 위원회에 상정할 안건을 미리 검토하는 등 안건 심의를 지원하고, 위원회가 위임한 안건을 심의하기 위하여 대책위원회에 학교폭력대책실무위원회(이하 '실무위원회' 라 한다)를 둔다.

⑦ 그 밖에 대책위원회의 운영과 실무위원회의 구성 · 운영에 필요한 사항은 대통령령으로 정한다.

제9조(학교폭력대책지역위원회의 설치) ① 지역의 학교폭력 문제를 해결하기 위하여 시 · 도에 학교폭력대책지역위원회(이하 '지역위원회' 라 한다)를 둔다.

② 특별시장 · 광역시장 · 특별자치시장 · 도지사 및 특별자치도지사는 지역위원회의 운영 및 활동에 관하여 시 · 도의 교육감(이하 '교육감' 이라 한다)과 협의하여야 하며, 그 효율적인 운영을 위하여 실무위원회를 둘 수 있다.

③ 지역위원회는 위원장 1인을 포함한 11인 이내의 위원으로 구성한다.

④ 지역위원회 및 제2항에 따른 실무위원회의 구성 · 운영에 필요한 사항은 대통령령으로 정한다.

제10조(학교폭력대책지역위원회의 기능 등) ① 지역위원회는 기본계획에 따라 지역의 학교폭력 예방대책을 매년 수립한다.

② 지역위원회는 해당 지역에서 발생한 학교폭력에 대하여 교육감 및 지방경찰청장에게 관련 자료를 요청할 수 있다.

③ 교육감은 지역위원회의 의견을 들어 제16조 제1항 제1호부터 제3호까지나 제17조 제1항 제5호에 따른 상담 · 치료 및 교육을 담당할 상담 · 치료 · 교육 기관을 지정하여야 한다. 〈개정 2012. 1. 26.〉

④ 교육감은 제3항에 따른 상담 · 치료 · 교육 기관을 지정한 때에는 해당 기관의 명칭, 소재지, 업무를 인터넷 홈페이지에 게시하고, 그 밖에 다양한 방법으로 학부모에게 알릴 수 있도록 노력하여야 한다.

제10조의2(학교폭력대책지역협의회의 설치 · 운영) ① 학교폭력예방 대책을 수립하고 기관별 추진계획 및 상호 협력 · 지원 방안 등을 협의하기 위하여 시 · 군 · 구에 학교폭력대책지역협의회(이하 '지역협의회'라 한다)를 둔다.

② 지역협의회는 위원장 1명을 포함한 20명 내외의 위원으로 구성한다.

③ 그 밖에 지역협의회의 구성 · 운영에 필요한 사항은 대통령령으로 정한다.

제11조(교육감의 임무) ① 교육감은 시 · 도 교육청에 학교폭력의 예방과 대책을 담당하는 전담부서를 설치 · 운영하여야 한다.

② 교육감은 관할 구역 안에서 학교폭력이 발생한 때에는 해당 학교의 장 및

관련 학교의 장에게 그 경과 및 결과의 보고를 요구할 수 있다.

③ 교육감은 관할 구역 안의 학교폭력이 관할 구역 외의 학교폭력과 관련이 있는 때에는 그 관할 교육감과 협의하여 적절한 조치를 취하여야 한다.

④ 교육감은 학교의 장으로 하여금 학교폭력의 예방 및 대책에 관한 실시계획을 수립·시행하도록 하여야 한다.

⑤ 교육감은 제12조에 따른 자치위원회가 처리한 학교의 학교폭력 빈도를 학교의 장에 대한 업무수행 평가에 부정적 자료로 사용하여서는 아니 된다.

⑥ 교육감은 제17조 제1항 제8호에 따른 전학의 경우 그 실현을 위하여 필요한 조치를 취하여야 하며, 제17조 제1항 제9호에 따른 퇴학처분의 경우 해당 학생의 건전한 성장을 위하여 다른 학교 재입학 등의 적절한 대책을 강구하여야 한다.

⑦ 교육감은 대책위원회 및 지역위원회에 관할 구역 안의 학교폭력의 실태 및 대책에 관한 사항을 보고하고 공표하여야 한다. 관할 구역 밖의 학교폭력 관련 사항 중 관할 구역 안의 학교와 관련된 경우에도 또한 같다.

⑧ 교육감은 학교폭력의 실태를 파악하고 학교폭력에 대한 효율적인 예방대책을 수립하기 위하여 학교폭력 실태조사를 연 2회 이상 실시하여야 한다.

⑨ 교육감은 학교폭력 등에 관한 조사, 상담, 치유 프로그램 운영 등을 위한 전문기관을 설치·운영할 수 있다.

⑩ 교육감은 관할 구역에서 학교폭력이 발생한 때에 해당 학교의 장 또는 소속 교원이 그 경과 및 결과를 보고함에 있어 축소 및 은폐를 시도한 경우에는

「교육공무원법」제50조 및 「사립학교법」제62조에 따른 징계위원회에 징계 의결을 요구하여야 한다.

⑪ 교육감은 관할 구역에서 학교폭력의 예방 및 대책 마련에 기여한 바가 큰 학교 또는 소속 교원에게 상훈을 수여하거나 소속 교원의 근무성적 평정에 가산점을 부여할 수 있다.

⑫ 제1항에 따라 설치되는 전담부서의 구성과 제8항에 따라 실시하는 학교폭력 실태조사 및 제9항에 따른 전문기관의 설치에 필요한 사항은 대통령령으로 정한다.

제11조의2(학교폭력 조사·상담 등) ① 교육감은 학교폭력 예방과 사후조치 등을 위하여 다음 각 호의 조사·상담 등을 수행할 수 있다.

　　1. 학교폭력 피해학생 상담 및 가해학생 조사

　　2. 필요한 경우 가해학생 학부모 조사

　　3. 학교폭력 예방 및 대책에 관한 계획의 이행 지도

　　4. 관할 구역 학교폭력서클 단속

　　5. 학교폭력 예방을 위하여 민간 기관 및 업소 출입·감독

　　6. 그 밖에 학교폭력 등과 관련하여 필요로 하는 사항

② 교육감은 제1항의 조사·상담 등의 업무를 대통령령으로 정하는 기관 또는 단체에 위탁할 수 있다.

③ 교육감 및 제2항에 따른 위탁기관 또는 단체의 장은 제1항에 따른 조사·상

담 등의 업무를 수행함에 있어 필요한 경우 관계 기관의 장에게 협조를 요청할 수 있다.

④ 제1항에 따라 조사·상담 등을 하는 관계 기관의 직원은 그 권한을 표시하는 증표를 소지하고 관계인에게 제시하여야 한다.

⑤ 제1항 제1호 및 제4호의 조사 결과는 학교의 장 및 보호자에게 통보하여야 한다.

제11조의3(관계 기관과의 협조 등) ① 교육과학기술부장관, 교육감, 지역교육장, 학교의 장은 학교폭력과 관련한 개인정보 등을 경찰청장, 지방경찰청장, 관할 경찰서장 및 관계 기관의 장에게 요청할 수 있다.

② 제1항의 규정에 의하여 정보제공을 요청받은 경찰청장, 지방경찰청장, 관할 경찰서장 및 관계 기관의 장은 특별한 사정이 없으면 이에 응하여야 한다.

③ 제1항 및 제2항에 따른 관계 기관과의 협조 사항 및 절차 등에 필요한 사항은 대통령령으로 정한다.

제12조(학교폭력대책자치위원회의 설치·기능) ① 학교폭력의 예방 및 대책에 관련된 사항을 심의하기 위하여 학교에 학교폭력대책자치위원회(이하 '자치위원회'라 한다)를 둔다. 다만, 자치위원회 구성에 있어 대통령령으로 정하는 사유가 있는 경우에는 교육감의 보고를 거쳐 둘 이상의 학교가 공동으로 자치위원회를 구성할 수 있다.

② 자치위원회는 학교폭력의 예방 및 대책 등을 위하여 다음 각 호의 사항을 심의한다.

1. 학교폭력의 예방 및 대책수립을 위한 학교 체제 구축

2. 피해학생의 보호

3. 가해학생에 대한 선도 및 징계

4. 피해학생과 가해학생 간의 분쟁조정

5. 그 밖에 대통령령으로 정하는 사항

③ 자치위원회는 해당 지역에서 발생한 학교폭력에 대하여 학교의 장 및 관할 경찰서장에게 관련 자료를 요청할 수 있다.

④ 자치위원회의 설치 · 운영 등에 필요한 사항은 지역 및 학교의 규모 등을 고려하여 대통령령으로 정한다.

제13조(자치위원회의 구성 · 운영) ① 자치위원회는 위원장 1인을 포함하여 5인 이상 10인 이하의 위원으로 구성하되, 대통령령으로 정하는 바에 따라 전체 위원의 과반수를 학부모 전체회의에서 직접 선출된 학부모 대표로 위촉하여야 한다. 다만, 학부모 전체회의에서 학부모 대표를 선출하기 곤란한 사유가 있는 경우에는 학급별 대표로 구성된 학부모 대표회의에서 선출된 학부모 대표로 위촉할 수 있다.

② 자치위원회는 분기별 1회 이상 회의를 개최하고, 자치위원회의 위원장은 다음 각 호의 어느 하나에 해당하는 경우에 회의를 소집하여야 한다.

1. 자치위원회 재적위원 4분의 1 이상이 요청하는 경우

2. 학교의 장이 요청하는 경우

3. 피해학생 또는 그 보호자가 요청하는 경우

4. 학교폭력이 발생한 사실을 신고받거나 보고받은 경우

5. 가해학생이 협박 또는 보복한 사실을 신고받거나 보고받은 경우

6. 그 밖에 위원장이 필요하다고 인정하는 경우

③ 자치위원회는 회의의 일시, 장소, 출석 위원, 토의 내용 및 의결 사항 등이 기록된 회의록을 작성·보존하여야 한다.

④ 그 밖에 자치위원회의 구성·운영에 필요한 사항은 대통령령으로 정한다.

제14조(전문상담교사 배치 및 전담기구 구성) ① 학교의 장은 학교에 대통령령으로 정하는 바에 따라 상담실을 설치하고, 「초·중등교육법」 제19조의2에 따라 전문상담교사를 둔다.

② 전문상담교사는 학교의 장 및 자치위원회의 요구가 있는 때에는 학교폭력에 관련된 피해학생 및 가해학생과의 상담 결과를 보고하여야 한다.

③ 학교의 장은 교감, 전문상담교사, 보건교사 및 책임교사(학교폭력문제를 담당하는 교사를 말한다) 등으로 학교폭력문제를 담당하는 전담기구(이하 '전담기구'라 한다)를 구성하며, 학교폭력 사태를 인지한 경우 지체 없이 전담기구 또는 소속 교원으로 하여금 가해 및 피해 사실 여부를 확인하도록 한다.

④ 전담기구는 학교폭력에 대한 실태조사(이하 '실태조사'라 한다)와 학교폭력 예방 프로그램을 구성·실시하며, 학교의 장 및 자치위원회의 요구가 있는 때에는 학교폭력에 관련된 실태조사 결과 등 활동 결과를 보고하여야 한다.

⑤ 피해학생 또는 피해학생의 보호자는 피해사실 확인을 위하여 전담기구에 실태조사를 요구할 수 있다.

⑥ 국가 및 지방자치단체는 실태조사에 관한 예산을 지원하고, 관계 행정기관은 실태조사에 협조하여야 하며, 학교의 장은 전담기구에 행정적·재정적 지원을 할 수 있다.

⑦ 전담기구는 성폭력 등 특수한 학교폭력사건에 대한 실태조사의 전문성을 확보하기 위하여 필요한 경우 전문기관에 그 실태조사를 의뢰할 수 있다. 이 경우 그 의뢰는 자치위원회 위원장의 심의를 거쳐 학교의 장 명의로 하여야 한다.

⑧ 그 밖에 전담기구 운영 등에 필요한 사항은 대통령령으로 정한다.

제15조(학교폭력 예방교육 등) ① 학교의 장은 학생의 육체적·정신적 보호와 학교폭력의 예방을 위한 학생들에 대한 교육(학교폭력의 개념·실태 및 대처방안 등을 포함하여야 한다)을 학기별로 1회 이상 실시하여야 한다.

② 학교의 장은 학교폭력의 예방 및 대책 등을 위한 교직원 및 학부모에 대한 교육을 학기별로 1회 이상 실시하여야 한다.

③ 학교의 장은 제1항에 따른 학교폭력 예방교육 프로그램의 구성 및 그 운용

등을 전담기구와 협의하여 전문단체 또는 전문가에게 위탁할 수 있다.

④ 교육장은 제1항부터 제3항까지의 규정에 따른 학교폭력 예방교육 프로그램의 구성과 운용계획을 학부모가 쉽게 확인할 수 있도록 인터넷 홈페이지에 게시하고, 그 밖에 다양한 방법으로 학부모에게 알릴 수 있도록 노력하여야 한다.

⑤ 그 밖에 학교폭력 예방교육의 실시와 관련한 사항은 대통령령으로 정한다.

제16조(피해학생의 보호) ① 자치위원회는 피해학생의 보호를 위하여 필요하다고 인정하는 때에는 피해학생에 대하여 다음 각 호의 어느 하나에 해당하는 조치(수 개의 조치를 병과하는 경우를 포함한다)를 할 것을 학교의 장에게 요청할 수 있다. 다만, 학교의 장은 피해학생의 보호를 위하여 긴급하다고 인정하거나 피해학생이 긴급보호의 요청을 하는 경우에는 자치위원회의 요청 전에 제1호, 제2호 및 제6호의 조치를 할 수 있다. 이 경우 자치위원회에 즉시 보고하여야 한다.

1. 심리상담 및 조언

2. 일시보호

3. 치료 및 치료를 위한 요양

4. 학급교체

5. 삭제 〈2012. 3. 21.〉

6. 그 밖에 피해학생의 보호를 위하여 필요한 조치

② 자치위원회는 제1항에 따른 조치를 요청하기 전에 피해학생 및 그 보호자에게 의견진술의 기회를 부여하는 등 적정한 절차를 거쳐야 한다.

③ 제1항에 따른 요청이 있는 때에는 학교의 장은 피해학생의 보호자의 동의를 받아 7일 이내에 해당 조치를 하여야 하고 이를 자치위원회에 보고하여야 한다.

④ 제1항의 조치 등 보호가 필요한 학생에 대하여 학교의 장이 인정하는 경우 그 조치에 필요한 결석을 출석일수에 산입할 수 있다.

⑤ 학교의 장은 성적 등을 평가함에 있어서 제3항에 따른 조치로 인하여 학생에게 불이익을 주지 아니하도록 노력하여야 한다.

⑥ 피해학생이 전문단체나 전문가로부터 제1항 제1호부터 제3호까지의 규정에 따른 상담 등을 받는 데에 사용되는 비용은 가해학생의 보호자가 부담하여야 한다. 다만, 피해학생의 신속한 치료를 위하여 학교의 장 또는 피해학생의 보호자가 원하는 경우에는 「학교안전사고 예방 및 보상에 관한 법률」 제15조에 따른 학교안전공제회 또는 시·도 교육청이 부담하고 이에 대한 구상권을 행사할 수 있다.

  1. 삭제 〈2012. 3. 21.〉

  2. 삭제 〈2012. 3. 21.〉

⑦ 학교의 장 또는 피해학생의 보호자는 필요한 경우 「학교안전사고 예방 및 보상에 관한 법률」 제34조의 공제급여를 학교안전공제회에 직접 청구할 수 있다.

⑧ 피해학생의 보호 및 제6항에 따른 지원범위, 구상범위, 지급절차 등에 필요한 사항은 대통령령으로 정한다.

제16조의2(장애학생의 보호) ① 누구든지 장애 등을 이유로 장애학생에게 학교폭력을 행사하여서는 아니 된다.

② 자치위원회는 학교폭력으로 피해를 입은 장애학생의 보호를 위하여 장애인 전문상담가의 상담 또는 장애인 전문치료기관의 요양 조치를 학교의 장에게 요청할 수 있다.

③ 제2항에 따른 요청이 있는 때에는 학교의 장은 해당 조치를 하여야 한다. 이 경우 제16조 제6항을 준용한다.

제17조(가해학생에 대한 조치) ① 자치위원회는 피해학생의 보호와 가해학생의 선도·교육을 위하여 가해학생에 대하여 다음 각 호의 어느 하나에 해당하는 조치(수 개의 조치를 병과하는 경우를 포함한다)를 할 것을 학교의 장에게 요청하여야 하며, 각 조치별 적용 기준은 대통령령으로 정한다. 다만, 퇴학 처분은 의무교육과정에 있는 가해학생에 대하여는 적용하지 아니한다.

1. 피해학생에 대한 서면 사과
2. 피해학생 및 신고·고발 학생에 대한 접촉, 협박 및 보복행위의 금지
3. 학교에서의 봉사
4. 사회봉사

5. 학내외 전문가에 의한 특별 교육이수 또는 심리치료

6. 출석 정지

7. 학급 교체

8. 전학

9. 퇴학 처분

② 제1항에 따라 자치위원회가 학교의 장에게 가해학생에 대한 조치를 요청할 때 그 이유가 피해학생이나 신고·고발 학생에 대한 협박 또는 보복행위일 경우에는 같은 항 각 호의 조치를 병과하거나 조치 내용을 가중할 수 있다.

③ 제1항 제2호부터 제4호까지 및 제6호부터 제8호까지의 처분을 받은 가해학생은 교육감이 정한 기관에서 특별교육을 이수하거나 심리치료를 받아야 하며, 그 기간은 자치위원회에서 정한다.

④ 학교의 장은 가해학생에 대한 선도가 긴급하다고 인정할 경우 우선 제1항 제1호부터 제3호까지, 제5호 및 제6호의 조치를 할 수 있으며, 제5호와 제6호는 병과조치할 수 있다. 이 경우 자치위원회에 즉시 보고하여 추인을 받아야 한다.

⑤ 자치위원회는 제1항 또는 제2항에 따른 조치를 요청하기 전에 가해학생 및 보호자에게 의견진술의 기회를 부여하는 등 적정한 절차를 거쳐야 한다.

⑥ 제1항에 따른 요청이 있는 때에는 학교의 장은 14일 이내에 해당 조치를 하여야 한다.

⑦ 학교의 장이 제4항에 따른 조치를 한 때에는 가해학생과 그 보호자에게 이

를 통지하여야 하며, 가해학생이 이를 거부하거나 회피하는 때에는 「초 · 중등교육법」 제18조에 따라 징계하여야 한다.

⑧ 가해학생이 제1항 제3호부터 제5호까지의 규정에 따른 조치를 받은 경우 이와 관련된 결석은 학교의 장이 인정하는 때에는 이를 출석일수에 산입할 수 있다.

⑨ 자치위원회는 가해학생이 특별교육을 이수할 경우 해당 학생의 보호자도 함께 교육을 받게 하여야 한다.

⑩ 가해학생이 다른 학교로 전학을 간 이후에는 전학 전의 피해학생 소속 학교로 다시 전학 올 수 없도록 하여야 한다.

⑪ 제1항 제2호부터 제9호까지의 처분을 받은 학생이 해당 조치를 거부하거나 기피하는 경우 자치위원회는 제7항에도 불구하고 대통령령으로 정하는 바에 따라 추가로 다른 조치를 할 것을 학교의 장에게 요청할 수 있다.

⑫ 가해학생에 대한 조치 및 제11조 제6항에 따른 재입학 등에 관하여 필요한 사항은 대통령령으로 정한다.

제17조의2(재심청구) ① 자치위원회 또는 학교의 장이 제16조 제1항 및 제17조 제1항에 따라 내린 조치에 대하여 이의가 있는 피해학생 또는 그 보호자는 그 조치를 받은 날부터 15일 이내, 그 조치가 있음을 안 날부터 10일 이내에 지역위원회에 재심을 청구할 수 있다.

② 자치위원회가 제17조 제1항 제8호와 제9호에 따라 내린 조치에 대하여 이의

가 있는 학생 또는 그 보호자는 그 조치를 받은 날부터 15일 이내, 그 조치가 있음을 안 날로부터 10일 이내에 「초·중등교육법」 제18조의3에 따른 시·도 학생징계조정위원회에 재심을 청구할 수 있다.

③ 지역위원회가 제1항에 따른 재심청구를 받은 때에는 30일 이내에 이를 심사·결정하여 청구인에게 통보하여야 한다.

④ 제3항의 결정에 이의가 있는 청구인은 그 통보를 받은 날부터 60일 이내에 행정심판을 제기할 수 있다.

⑤ 제1항에 따른 재심청구, 제3항에 따른 심사절차 및 결정통보 등에 필요한 사항은 대통령령으로 정한다.

⑥ 제2항에 따른 재심청구, 심사절차, 결정통보 등은 「초·중등교육법」 제18조의2 제2항부터 제4항까지의 규정을 준용한다.

제18조(분쟁조정) ① 자치위원회는 학교폭력과 관련하여 분쟁이 있는 경우에는 그 분쟁을 조정할 수 있다.

② 제1항에 따른 분쟁의 조정기간은 1개월을 넘지 못한다.

③ 학교폭력과 관련한 분쟁조정에는 다음 각 호의 사항을 포함한다.

  1. 피해학생과 가해학생 간 또는 그 보호자 간의 손해배상에 관련된 합의조정

  2. 그 밖에 자치위원회가 필요하다고 인정하는 사항

④ 자치위원회는 분쟁조정을 위하여 필요하다고 인정하는 때에는 관계 기관의 협조를 얻어 학교폭력과 관련한 사항을 조사할 수 있다.

⑤ 자치위원회가 분쟁조정을 하고자 할 때에는 이를 피해학생·가해학생 및 그 보호자에게 통보하여야 한다.

⑥ 시·도 교육청 관할 구역 안의 소속 학교가 다른 학생 간에 분쟁이 있는 경우에는 교육감이 해당 학교의 자치위원회 위원장과의 협의를 거쳐 직접 분쟁을 조정한다. 이 경우 제2항부터 제5항까지의 규정을 준용한다.

⑦ 관할 구역을 달리하는 시·도 교육청 소속 학교의 학생 간에 분쟁이 있는 경우에는 피해학생을 감독하는 교육감이 가해학생을 감독하는 교육감 및 관련 해당 학교의 자치위원회 위원장과의 협의를 거쳐 직접 분쟁을 조정한다. 이 경우 제2항부터 제5항까지의 규정을 준용한다.

제19조(학교의 장의 의무) 학교의 장은 교육감에게 학교폭력이 발생한 사실 및 제16조, 제16조의2, 제17조, 제17조의2 및 제18조에 따른 조치 및 그 결과를 보고하고, 관계 기관과 협력하여 교내 학교폭력 단체의 결성예방 및 해체에 노력하여야 한다.

제20조(학교폭력의 신고의무) ① 학교폭력 현장을 보거나 그 사실을 알게 된 자는 학교 등 관계 기관에 이를 즉시 신고하여야 한다.

② 제1항에 따라 신고를 받은 기관은 이를 가해학생 및 피해학생의 보호자와 소속 학교의 장에게 통보하여야 한다.

③ 제2항에 따라 통보받은 소속 학교의 장은 이를 자치위원회에 지체 없이 통

보하여야 한다.

④ 누구라도 학교폭력의 예비·음모 등을 알게 된 자는 이를 학교의 장 또는 자치위원회에 고발할 수 있다. 다만, 교원이 이를 알게 되었을 경우에는 학교의 장에게 보고하고 해당 학부모에게 알려야 한다.

⑤ 누구든지 제1항부터 제4항까지에 따라 학교폭력을 신고한 사람에게 그 신고행위를 이유로 불이익을 주어서는 아니 된다.

제20조의2(긴급전화의 설치 등) ① 국가 및 지방자치단체는 학교폭력을 수시로 신고받고 이에 대한 상담에 응할 수 있도록 긴급전화를 설치하여야 한다.

② 국가와 지방자치단체는 제1항에 따른 긴급전화의 설치·운영을 대통령령으로 정하는 기관 또는 단체에 위탁할 수 있다.

③ 제1항과 제2항에 따른 긴급전화의 설치·운영·위탁에 필요한 사항은 대통령령으로 정한다.

제20조의3(정보통신망에 의한 학교폭력 등) 제2조 제1호에 따른 정보통신망을 이용한 음란·폭력 정보 등에 의한 신체상·정신상 피해에 관하여 필요한 사항은 따로 법률로 정한다.

제20조의4(정보통신망의 이용 등) ① 국가·지방자치단체 또는 교육감은 학교폭력 예방 업무 등을 효과적으로 수행하기 위하여 필요한 경우 정보통신망을

이용할 수 있다.

② 국가·지방자치단체 또는 교육감은 제1항에 따라 정보통신망을 이용하여 학교 또는 학생(학부모를 포함한다)이 학교폭력 예방 업무 등을 수행하는 경우 다음 각 호의 어느 하나에 해당하는 비용의 전부 또는 일부를 지원할 수 있다.

1. 학교 또는 학생(학부모를 포함한다)이 전기통신설비를 구입하거나 이용하는 데 소요되는 비용

2. 학교 또는 학생(학부모를 포함한다)에게 부과되는 전기통신역무 요금

③ 그 밖에 정보통신망의 이용 등에 관하여 필요한 사항은 대통령령으로 정한다.

제20조의5(학생보호인력의 배치 등) ① 국가·지방자치단체 또는 학교의 장은 학교폭력을 예방하기 위하여 학교 내에 학생보호인력을 배치하여 활용할 수 있다.

② 국가·지방자치단체 또는 학교의 장은 제1항에 따른 학생보호인력의 배치 및 활용 업무를 관련 전문기관 또는 단체에 위탁할 수 있다.

③ 제2항에 따라 학생보호인력의 배치 및 활용 업무를 위탁받은 관련 전문기관 또는 단체는 그 업무를 함에 있어 학교의 장과 충분히 협의하여야 한다.

제20조의6(영상정보처리기기의 통합 관제) ① 국가 및 지방자치단체는 학교폭력 예방 업무를 효과적으로 수행하기 위하여 교육감과 협의하여 학교 내외에

설치된 영상정보처리기기(「개인정보 보호법」 제2조 제7호에 따른 영상정보처리기기를 말한다. 이하 이 조에서 같다)를 통합하여 관제할 수 있다. 이 경우 국가 및 지방자치단체는 통합 관제 목적에 필요한 범위에서 최소한의 개인정보만을 처리하여야 하며, 그 목적 외의 용도로 활용하여서는 아니 된다.

② 제1항에 따라 영상정보처리기기를 통합 관제하려는 국가 및 지방자치단체는 공청회·설명회의 개최 등 대통령령으로 정하는 절차를 거쳐 관계 전문가 및 이해관계인의 의견을 수렴하여야 한다.

③ 제1항에 따라 학교 내외에 설치된 영상정보처리기기가 통합 관제되는 경우 해당 학교의 영상정보처리기기운영자는 「개인정보 보호법」 제25조 제4항에 따른 조치를 통하여 그 사실을 정보 주체에게 알려야 한다.

④ 통합 관제에 관하여 이 법에서 규정한 것을 제외하고는 「개인정보 보호법」의 규정을 적용한다.

⑤ 그 밖에 영상정보처리기기의 통합 관제에 필요한 사항은 대통령령으로 정한다.

제21조(비밀누설금지 등) ① 이 법에 따라 학교폭력의 예방 및 대책과 관련된 업무를 수행하거나 수행하였던 자는 그 직무로 인하여 알게 된 비밀 또는 가해학생·피해학생 및 제20조에 따른 신고자·고발자와 관련된 자료를 누설하여서는 아니 된다.

② 제1항에 따른 비밀의 구체적인 범위는 대통령령으로 정한다.

③ 제16조, 제16조의2, 제17조, 제17조의2, 제18조의까지의 규정에 따른 자치위원회의 회의는 공개하지 아니한다. 다만, 피해학생·가해학생 또는 그 보호자가 회의록의 열람·복사 등 회의록 공개를 신청한 때에는 학생과 그 가족의 성명, 주민등록번호 및 주소, 위원의 성명 등 개인정보에 관한 사항을 제외하고 공개하여야 한다.

제22조(벌칙) ① 제21조 제1항을 위반한 자는 300만원 이하의 벌금에 처한다.

② 제17조 제9항에 따른 자치위원회의 교육 이수 조치를 따르지 아니한 보호자에게는 300만원 이하의 과태료를 부과한다.

부 칙

제1조(시행일) 이 법은 2012년 5월 1일부터 시행한다. 다만, 제4조, 제4조 제4항, 제13조 제2항, 제15조 제2항, 제16조, 제16조의2, 제17조, 제20조 제5항, 제20조의3의 개정규정 및 법률 제11223호 「학교폭력예방 및 대책에 관한 법률」 일부개정법률 부칙 제1조의 개정규정은 2012년 4월 1일부터 시행한다.

제2조(경과규정) 제16조 제6항의 개정규정은 학교폭력으로 피해를 받아 이법 시행 당시 치료 등을 받고 있는 사람부터 적용한다.

학교폭력예방 및 대책에 관한 법률 시행령

[시행 2012. 4. 1.] [대통령령 제23689호, 2012. 3. 30., 전부개정]

제1조(목적) 이 영은 「학교폭력예방 및 대책에 관한 법률」에서 위임된 사항과 그 시행에 필요한 사항을 규정함을 목적으로 한다. [시행일 : 2012. 5. 1.]

제2조(성과 평가 및 공표) 「학교폭력예방 및 대책에 관한 법률」(이하 '법' 이라 한다) 제6조 제3항에 따른 학교폭력 예방 및 대책에 대한 성과는 「초 · 중등교육법」 제9조 제2항에 따른 지방교육행정기관에 대한 평가에 포함하여 평가하고, 이를 공표하여야 한다.

제3조(학교폭력대책위원회의 운영) ① 법 제7조에 따른 학교폭력대책위원회(이하 '대책위원회' 라 한다)의 위원장은 회의를 소집하고, 그 의장이 된다.

② 대책위원회의 회의는 반기별로 1회 소집한다. 다만, 재적위원 3분의 1 이상이 요구하거나 위원장이 필요하다고 인정하는 경우에는 수시로 소집할 수 있다.

③ 대책위원회의 위원장이 회의를 소집할 때에는 회의 개최 5일 전까지 회의 일시 · 장소 및 안건을 각 위원에게 알려야 한다. 다만, 긴급히 소집하여야 할 때에는 그러하지 아니 한다.

④ 대책위원회의 회의는 재적위원 과반수의 출석으로 개의(開議)하고, 출석위원 과반수의 찬성으로 의결한다.

⑤ 대책위원회의 위원장은 필요하다고 인정할 때에는 학교폭력 예방 및 대책과 관련하여 전문가 등을 회의에 출석하여 발언하게 할 수 있다.

⑥ 회의에 출석한 위원과 전문가 등에게는 예산의 범위에서 수당과 여비를 지급할 수 있다. 다만, 공무원인 위원이 그 소관 업무와 직접적으로 관련하여 회의에 출석하는 경우에는 그러하지 아니 한다. [시행일: 2012. 5. 1.]

제4조(학교폭력대책실무위원회의 구성·운영) ① 법 제8조 제6항에 따른 학교폭력대책실무위원회(이하 '실무위원회'라 한다)는 위원장(이하 '실무위원장'이라 한다) 1명을 포함한 11명 이내의 위원으로 구성한다.

② 실무위원장은 교육과학기술부차관 중 교육과학기술부장관이 지명하는 차관이 되고, 위원은 국무총리실, 기획재정부, 교육과학기술부, 법무부, 행정안전부, 문화체육관광부, 보건복지부, 여성가족부, 방송통신위원회의 고위공무원단에 속하는 공무원과 경찰청의 치안감 또는 경무관 중에서 소속 기관의 장이 지명하는 각 1명이 된다.

③ 실무위원회의 사무를 처리하기 위하여 간사 1명을 두며, 간사는 교육과학기술부 소속 공무원 중에서 실무위원장이 지명하는 사람으로 한다.

④ 실무위원장이 부득이한 사유로 직무를 수행할 수 없을 때에는 실무위원장이 미리 지명하는 위원이 그 직무를 대행한다.

⑤ 회의는 대책위원회 개최 전 또는 실무위원장이 필요하다고 인정할 때 소집한다.

⑥ 실무위원회는 대책위원회의 회의에 부칠 안건 검토와 심의 지원 및 그 밖의 업무수행을 위하여 필요한 경우에는 이해관계인 또는 관련 전문가를 출석하게 하여 의견을 듣거나 의견 제출을 요청할 수 있다.

⑦ 실무위원장은 회의를 소집할 때에는 회의 개최 7일 전까지 회의 일시 · 장소 및 안건을 각 위원에게 알려야 한다. 다만, 긴급히 소집하여야 할 때에는 그러하지 아니 한다. [시행일: 2012. 5. 1.]

제5조(학교폭력대책지역위원회의 구성 · 운영) ① 법 제9조 제1항에 따른 학교폭력대책지역위원회(이하 '지역위원회'라 한다)의 위원장은 특별시 · 광역시 · 특별자치시 · 도 · 특별자치도(이하 '시 · 도'라 한다)의 부단체장(특별시의 경우에는 행정(1)부시장, 광역시 및 도의 경우에는 행정부시장 및 행정부지사를 말한다)으로 한다.

② 지역위원회의 위원장은 회의를 소집하고, 그 의장이 된다.

③ 지역위원회의 위원장이 부득이한 사유로 직무를 수행할 수 없을 때에는 지역위원회 위원장이 미리 지명하는 위원이 그 직무를 대행한다.

④ 지역위원회의 위원은 학식과 경험이 풍부하고 청소년보호에 투철한 사명감이 있는 사람으로서 다음 각 호의 어느 하나에 해당하는 사람 중에서 특별시장 · 광역시장 · 특별자치시장 · 도지사 · 특별자치도지사(이하 '시 · 도지사'라 한다)가 교육감과 협의하여 임명하거나 위촉한다.

1. 해당 시·도의 청소년보호 업무 담당 국장 및 시·도 교육청 생활지도 담당
   국장
2. 해당 시·도 의회 의원 또는 교육위원회 위원
3. 시·도 지방경찰청 소속 경찰공무원
4. 학생생활지도 경력이 5년 이상인 교원
5. 판사·검사·변호사
6. 「고등교육법」 제2조에 따른 학교의 조교수 이상 또는 청소년 관련 연구기관
   에서 이에 상당하는 직위에 재직하고 있거나 재직하였던 사람으로서 학교
   폭력 문제에 대한 전문지식이 있는 사람
7. 청소년 선도 및 보호 단체에서 청소년보호활동을 5년 이상 전문적으로 담당
   한 사람
8. 「초·중등교육법」 제31조 제1항에 따른 학교운영위원회(이하 '학교운영위
   원회' 라 한다)의 위원 또는 법 제12조 제1항에 따른 학교폭력대책자치위원
   회(이하 '자치위원회' 라 한다) 위원으로 활동하고 있거나 활동한 경험이 있
   는 학부모 대표
9. 그 밖에 학교폭력 예방 및 청소년 보호에 대한 지식과 경험이 있는 사람

⑤ 지역위원회 위원의 임기는 2년으로 한다. 다만, 지역위원회 위원의 사임 등으
   로 새로 위촉되는 위원의 임기는 전임위원 임기의 남은 기간으로 한다.
⑥ 지역위원회의 사무를 처리하기 위하여 간사 1명을 두며, 지역위원회의 위원장
   과 교육감이 시·도 또는 시·도 교육청 소속 공무원 중에서 협의하여 정하는

사람으로 한다.

⑦ 지역위원회 회의의 운영에 관하여는 제3조 제2항부터 제6항까지의 규정을 준용한다. 이 경우 '대책위원회'는 '지역위원회'로 본다. [시행일: 2012. 5. 1.]

제6조(학교폭력대책지역실무위원회의 구성·운영) 법 제9조 제2항에 따른 실무위원회는 7명 이내의 학교폭력 예방 및 대책에 관한 실무자 및 민간 전문가로 구성한다. [시행일: 2012. 5. 1.]

제7조(학교폭력대책지역협의회의 구성·운영) ① 법 제10조의2에 따른 학교폭력대책지역협의회(이하 '지역협의회'라 한다)의 위원장은 시·군·구의 부단체장이 된다.

② 지역협의회의 위원장은 회의를 소집하고, 그 의장이 된다.

③ 지역협의회의 위원장이 부득이한 사유로 직무를 수행할 수 없을 때에는 위원장이 미리 지정하는 위원이 그 직무를 대행한다.

④ 지역협의회의 위원은 학식과 경험이 풍부하고 청소년보호에 투철한 사명감이 있는 사람으로서 다음 각 호의 어느 하나에 해당하는 사람 중에서 시장·군수·구청장이 해당 지역교육청의 교육장과 협의하여 임명하거나 위촉한다.

1. 해당 시·군·구의 청소년보호 업무 담당 국장(국장이 없는 시·군·구는 과장을 말한다) 및 지역교육청의 생활지도 담당 국장(국장이 없는 지역교육청은 과장을 말한다)

2. 해당 시·군·구 의회 의원

3. 해당 시·군·구를 관할하는 경찰서 소속 경찰공무원

4. 학생생활지도 경력이 5년 이상인 교원

5. 판사·검사·변호사

6. 「고등교육법」 제2조에 따른 학교의 조교수 이상 또는 청소년 관련 연구기관에서 이에 상당하는 직위에 재직하고 있거나 재직하였던 사람으로서 학교폭력 문제에 대하여 전문지식이 있는 사람

7. 청소년 선도 및 보호 단체에서 청소년보호활동을 5년 이상 전문적으로 담당한 사람

8. 학교운영위원회 위원 또는 자치위원회 위원으로 활동하거나 활동한 경험이 있는 학부모 대표

9. 그 밖에 학교폭력 예방 및 청소년보호에 대한 지식과 경험을 가진 사람

⑤ 지역협의회 위원의 임기는 2년으로 한다. 다만, 지역위원회 위원의 사임 등으로 새로 위촉되는 위원의 임기는 전임위원 임기의 남은 기간으로 한다.

⑥ 지역협의회에는 사무를 처리하기 위해 간사 1명을 두며, 간사는 지역협의회의 위원장과 교육장이 시·군·구 또는 지역교육청 소속 공무원 중에서 협의하여 정하는 사람으로 한다. [시행일: 2012. 5. 1.]

제8조(전담부서의 구성 등) 법 제11조 제1항에 따라 다음 각 호의 업무를 수행하기 위하여 시·도 교육청 및 지역교육청에 과·담당관 또는 팀을 둔다.

1. 학교폭력 예방과 근절을 위한 대책의 수립과 추진에 관한 사항

2. 학교폭력 피해학생의 치료 및 가해학생에 대한 조치에 관한 사항

3. 그 밖에 학교폭력의 예방 및 대책과 관련하여 교육감이 정하는 사항 [시행일: 2012. 5. 1.]

제9조(실태조사) ① 법 제11조 제8항에 따라 교육감이 실시하는 학교폭력 실태조사는 교육과학기술부장관과 협의하여 다른 교육감과 공동으로 실시할 수 있다.

② 교육감은 학교폭력 실태조사를 교육 관련 연구 · 조사 기관에 위탁할 수 있다. [시행일: 2012. 5. 1.]

제10조(전문기관의 설치 등) ① 교육감은 법 제11조 제9항에 따라 시 · 도 교육청 또는 지역교육청에 다음 각 호의 업무를 수행하는 전문기관을 설치 · 운영할 수 있다.

1. 법 제11조의2 제1항에 따른 조사 · 상담 등의 업무

2. 학교폭력 피해학생 · 가해학생에 대한 치유 프로그램 운영 업무

② 교육감은 제1항 제2호에 따른 치유 프로그램 운영 업무를 다음 각 호의 어느 하나에 해당하는 기관 · 단체 · 시설에 위탁하여 수행하게 할 수 있다.

1. 「청소년복지지원법」 제14조에 따른 청소년쉼터, 「청소년보호법」 제33조의2에 따른 청소년보호센터 등 청소년을 보호하기 위하여 국가 · 지방자치단체가 운영하는 시설

2. 「청소년활동진흥법」 제10조에 따른 청소년활동시설

3. 학교폭력의 예방과 피해학생 및 가해학생의 치료·교육을 수행하는 청소년 관련 단체

4. 청소년 정신치료 전문인력이 배치된 병원

5. 학교폭력 피해학생·가해학생 및 학부모를 위한 프로그램을 운영하는 종교 기관 등의 기관

6. 그 밖에 교육감이 치유 프로그램의 운영에 적합하다고 인정하는 기관

③ 제1항에 따른 전문기관의 설치·운영에 관한 세부사항은 교육감이 정한다.
[시행일: 2012. 5. 1.]

제11조(학교폭력 조사·상담 업무의 위탁 등) 교육감은 법 제11조의2 제2항에 따라 학교폭력 예방에 관한 사업을 3년 이상 수행한 기관 또는 단체 중에서 학교폭력의 예방 및 사후조치 등을 수행하는 데 적합하다고 인정하는 기관 또는 단체에 법 제11조의2 제1항의 업무를 위탁할 수 있다. [시행일: 2012. 5. 1.]

제12조(관계 기관과의 협조사항 등) 법 제11조의3에 따라 학교폭력과 관련한 개인 정보 등을 협조를 요청할 때에는 문서로 하여야 한다. [시행일: 2012. 5. 1.]

제13조(자치위원회의 설치 및 심의사항) ① 법 제12조 제1항 단서에서 '대통령령으로 정하는 사유가 있는 경우'란 학교폭력 피해학생과 가해학생이 각각 다

른 학교에 재학 중인 경우를 말한다.

② 법 제12조 제2항 제5호에서 '대통령령으로 정하는 사항'이란 학교폭력의 예
방 및 대책과 관련하여 법 제14조 제3항에 따른 책임교사 또는 학생회의 대표
가 건의하는 사항을 말한다.

제14조(자치위원회의 구성·운영) ① 법 제13조 제1항에 따른 자치위원회의 위원
은 다음 각 호의 어느 하나에 해당하는 사람 중에서 해당 학교의 장이 임명하
거나 위촉한다.

　1. 해당 학교의 교감

　2. 해당 학교의 교사 중 학생생활지도 경력이 있는 교사

　3. 법 제13조 제1항에 따라 선출된 학부모 대표

　4. 판사·검사·변호사

　5. 해당 학교를 관할하는 경찰서 소속 경찰공무원

　6. 의사 자격이 있는 사람

　7. 그 밖에 학교폭력 예방 및 청소년보호에 대한 지식과 경험이 풍부한 사람

② 자치위원회의 위원장은 위원 중에서 호선(互選)하며, 위원장이 부득이한 사유
로 직무를 수행할 수 없을 때에는 위원장이 미리 지정하는 위원이 그 직무를
대행한다.

③ 자치위원회 위원의 임기는 2년으로 한다. 다만, 자치위원회 위원의 사임 등으
로 새로 위촉되는 위원의 임기는 전임위원 임기의 남은 기간으로 한다.

④ 자치위원회의 회의는 재적위원 과반수의 출석으로 개의하고, 출석위원 과반수의 찬성으로 의결한다.

⑤ 자치위원회의 위원장은 해당 학교의 교직원에서 자치위원회의 사무를 처리할 간사 1명을 지명한다.

⑥ 자치위원회의 회의에 출석한 위원에게는 예산의 범위에서 수당과 여비를 지급할 수 있다. 다만, 공무원인 위원이 그 소관 업무와 직접적으로 관련하여 회의에 출석한 경우에는 그러하지 아니 한다.

⑦ 자치위원회의 위원장은 회의 일시를 정할 때에는 일과 후, 주말 등 위원들이 참석하기 편리한 시간으로 정하여야 한다. [시행일: 2012. 5. 1.]

제15조(상담실 설치) 법 제14조 제1항에 따른 상담실은 다음 각 호의 시설·장비를 갖추어 상담활동이 편리한 장소에 설치하여야 한다.

1. 인터넷 이용 시설, 전화 등 상담에 필요한 시설 및 장비

2. 상담을 받는 사람의 사생활 노출 방지를 위한 칸막이 및 방음시설 [시행일: 2012. 5. 1.]

제16조(전담기구 운영 등) 법 제14조 제3항에 따른 전담기구는 가해 및 피해 사실 여부에 관하여 확인한 사항을 학교의 장 및 자치위원회(자치위원회의 요청이 있는 경우만을 말한다)에 보고하여야 한다. [시행일: 2012. 5. 1.]

제17조(학교폭력 예방교육) 학교의 장은 법 제15조 제5항에 따라 학생과 교직원 및 학부모에 대한 학교폭력 예방교육을 다음 각 호의 기준에 따라 실시한다.

1. 학기별로 1회 이상 실시하고, 교육·횟수·시간 및 강사 등 세부적인 사항은 학교 여건에 따라 학교의 장이 정한다.

2. 학생에 대한 학교폭력 예방교육은 학급 단위로 실시함을 원칙으로 하되, 학교 여건에 따라 전체 학생을 대상으로 한 장소에서 동시에 실시할 수 있다.

3. 학생과 교직원, 학부모를 따로 교육하는 것을 원칙으로 하되, 내용에 따라 함께 교육할 수 있다.

4. 강의·토론 및 역할연기 등 다양한 방법으로 하고, 다양한 자료나 프로그램 등을 활용하여야 한다.

5. 교직원에 대한 학교폭력 예방교육은 학교폭력 관련 법령에 대한 내용, 학교폭력 발생 시 대응요령, 학생 대상 학교폭력예방 프로그램 운영 방법 등을 포함하여야 한다.

6. 학부모에 대한 학교폭력 예방교육은 학교폭력 징후 판별, 학교폭력 발생 시 대응요령, 가정에서의 인성교육에 관한 사항을 포함하여야 한다.

제18조(피해학생의 지원범위 등) ① 법 제16조 제6항 단서에 따른 하교안전공제회 또는 시·도 교육청이 부담하는 피해학생의 지원범위는 다음 각 호와 같다.

1. 교육감이 정한 전문심리상담기관에서 심리상담 및 조언을 받는 데 드는 비용
2. 교육감이 정한 기관에서 일시보호를 받는 데 드는 비용

3. 「의료법」에 따라 개설된 의료기관, 「지역보건법」에 따라 설치된 보건소 · 보건의료원 및 보건지소, 「농어촌 등 보건의료를 위한 특별조치법」에 따라 설치된 보건진료소, 「약사법」에 따라 등록된 약국 및 같은 법 제91조에 따라 설립된 한국희귀의약품센터에서 치료 및 치료를 위한 요양을 받거나 의약품을 공급받는 데 드는 비용

② 제1항의 비용을 지원받으려는 피해학생 및 보호자가 학교안전공제회 또는 시 · 도 교육청에 비용을 청구하는 절차와 학교안전공제회 또는 시 · 도 교육청이 비용을 지급하는 절차는 「학교안전사고 예방 및 보상에 관한 법률」 제41조를 준용한다.

③ 학교안전공제회 또는 시 · 도 교육청이 법 제16조 제6항에 따라 가해학생의 보호자에게 구상(求償)하는 범위는 제2항에 따라 피해학생에게 지급하는 모든 비용으로 한다.

제19조(가해학생에 대한 조치별 적용 기준) 법 제17조 제1항의 조치별 적용 기준은 다음 각 호의 사항을 고려하여 결정하고, 그 세부적인 기준은 교육과학기술부장관이 정하여 고시한다.

1. 가해학생이 행사한 학교폭력의 심각성 · 지속성 · 고의성
2. 가해학생의 반성 정도
3. 해당 조치로 인한 가해학생의 선도 가능성
4. 가해학생 및 보호자와 피해학생 및 보호자 간의 화해의 정도

5. 피해학생이 장애학생인지 여부

제20조(가해학생에 대한 전학 조치) ① 초등학교·중학교·고등학교의 장은 자치위원회가 법 제17조 제1항에 따라 가해학생에 대한 전학 조치를 요청하는 경우에는 초등학교·중학교의 장은 교육장에게, 고등학교의 장은 교육감에게 해당 학생이 전학할 학교의 배정을 지체 없이 요청하여야 한다.

② 교육감 또는 교육장은 가해학생이 전학할 학교를 배정할 때 피해학생의 보호에 충분한 거리 등을 고려하여야 하며, 관할 구역 외의 학교를 배정하려는 경우에는 해당 교육감 또는 교육장에게 이를 통보하여야 한다.

③ 제2항에 따른 통보를 받은 교육감 또는 교육장은 해당 가해학생이 전학할 학교를 배정하여야 한다.

④ 교육감 또는 교육장은 제2항과 제3항에 따라 전학 조치된 가해학생과 피해학생이 상급학교에 진학할 때에는 각각 다른 학교를 배정하여야 한다. 이 경우 피해학생이 입학할 학교를 우선적으로 배정한다.

제21조(가해학생에 대한 우선 출석정지 등) ① 법 제17조 제4항에 따라 학교의 장이 출석정지 조치를 할 수 있는 경우는 다음 각 호와 같다.

1. 2명 이상의 학생이 고의적·지속적으로 폭력을 행사한 경우
2. 학교폭력을 행사하여 전치 2주 이상의 상해를 입힌 경우
3. 학교폭력에 대한 신고, 진술, 자료 제공 등에 대한 보복을 목적으로 폭력

을 행사한 경우

    4. 학교의 장이 피해학생을 가해학생으로부터 긴급하게 보호할 필요가 있다고 판단하는 경우

② 학교의 장은 제1항에 따라 출석정지 조치를 하려는 경우에는 해당 학생 또는 보호자의 의견을 들어야 한다. 다만, 학교의 장이 해당 학생 또는 보호자의 의견을 들으려 하였으나 이에 따르지 아니한 경우에는 그러하지 아니 한다.

제22조(가해학생의 조치 거부 · 기피에 대한 추가 조치) 자치위원회는 법 제17조 제1항 제2호부터 제9호까지의 조치를 받은 학생이 해당 조치를 거부하거나 기피하는 경우에는 법 제17조 제11항에 따라 학교의 장으로부터 그 사실을 통보받은 날부터 7일 이내에 추가로 다른 조치를 할 것을 학교의 장에게 요청할 수 있다.

제23조(퇴학학생의 재입학 등) ① 교육감은 법 제17조 제1항 제9호에 따라 퇴학처분을 받은 학생에 대하여 법 제17조 제12항에 따라 해당 학생의 선도의 정도, 교육 가능성 등을 종합적으로 고려하여 「초 · 중등교육법」 제60조의3에 따른 대안학교로의 입학 등 해당 학생의 건전한 성장에 적합한 대책을 마련하여야 한다.

② 제1항에서 규정한 사항 외에 가해학생에 대한 조치 및 재입학 등에 필요한 세부사항은 교육감이 정한다.

제24조(피해학생 재심청구 및 심사절차 및 결정통보 등) ① 법 제17조의2 제5항에 따라 피해학생 또는 보호자가 지역위원회에 재심을 청구할 때에는 다음 각 호의 사항을 적어 서면으로 하여야 한다.

1. 청구인의 이름, 주소 및 연락처
2. 가해학생
3. 청구의 대상이 되는 조치를 받은 날 및 조치가 있음을 안 날
4. 청구의 취지 및 이유

② 지역위원회는 청구인, 가해학생 및 보호자 또는 해당 학교에 심사에 필요한 자료 또는 정보의 제출을 요구할 수 있고, 청구인, 가해학생 또는 해당 학교는 특별한 사유가 없으면 이를 즉시 제출하여야 한다.

③ 지역위원회는 직권으로 또는 신청에 따라 청구인, 가해학생 및 보호자 또는 관련 교원 등을 지역위원회에 출석하여 진술하게 할 수 있다.

④ 지역위원회는 필요하다고 인정할 때에는 전문가 등 참고인을 출석하게 하거나 서면으로 의견을 들을 수 있다.

⑤ 지역위원회의 회의는 비공개를 원칙으로 한다.

⑥ 지역위원회는 재심사 결정 시 법 제16조 제1항 각 호와 제17조 제1항 각 호의 어느 하나에 해당하는 조치(수 개의 조치를 병과하는 경우를 포함한다)를 할 것을 해당 학교의 장에게 요청할 수 있다.

⑦ 지역위원회의 재심 결과는 결정의 취지와 내용을 적어 청구인과 가해학생에게 서면으로 통보한다. [시행일: 2012. 5. 1.]

제25조(분쟁조정의 신청) 피해학생, 가해학생 또는 그 보호자(이하 '분쟁당사자'라 한다) 중 어느 한 쪽은 법 제18조에 따라 해당 분쟁사건에 대한 조정권한이 있는 자치위원회 또는 교육감에게 다음 각 호의 사항을 적은 문서로 분쟁조정을 신청할 수 있다.

1. 분쟁조정 신청인의 성명 및 주소

2. 보호자의 성명 및 주소

3. 분쟁조정 신청의 사유 [시행일: 2012. 5. 1.]

제26조(자치위원회 위원의 제척·기피 및 회피) ① 자치위원회의 위원은 법 제16조, 제17조 및 제18조에 따라 피해학생과 가해학생에 대한 조치를 요청하는 경우와 분쟁을 조정하는 경우 다음 각 호의 어느 하나에 해당하면 해당 사건에서 제척된다.

1. 위원이나 그 배우자 또는 그 배우자였던 사람이 해당 사건의 피해학생 또는 가해학생의 보호자인 경우 또는 보호자였던 경우

2. 위원이 해당 사건의 피해학생 또는 가해학생과 친족이거나 친족이었던 경우

3. 그 밖에 위원이 해당 사건의 피해학생 또는 가해학생과 친분이 있거나 관련이 있다고 인정하는 경우

② 학교폭력과 관련하여 자치위원회를 개최하는 경우 또는 분쟁이 발생한 경우 자치위원회의 위원에게 공정한 심의를 기대하기 어려운 사정이 있다고 인정

할 만한 상당한 사유가 있을 때에는 분쟁당사자는 자치위원회에 그 사실을 서면으로 소명하고 기피신청을 할 수 있다.

③ 자치위원회는 제2항에 따른 기피신청을 받으면 의결로써 해당 위원의 기피 여부를 결정하여야 한다. 이 경우 기피신청 대상이 된 위원은 그 의결에 참여하지 못한다.

④ 자치위원회의 위원이 제1항 또는 제2항의 사유에 해당하는 경우에는 스스로 해당 사건을 회피할 수 있다. [시행일: 2012. 5. 1.]

제27조(분쟁조정의 개시) ① 자치위원회 또는 교육감은 제25조에 따라 분쟁조정의 신청을 받으면 그 신청을 받은 날부터 5일 이내에 분쟁조정을 시작하여야 한다.

② 자치위원회 또는 교육감은 분쟁당사자에게 분쟁조정의 일시 및 장소를 통보하여야 한다.

③ 제2항에 따라 통지를 받은 분쟁당사자 중 어느 한쪽이 불가피한 사유로 출석할 수 없는 경우에는 자치위원회 또는 교육감에게 분쟁조정의 연기를 요청할 수 있다. 이 경우 자치위원회 또는 교육감은 분쟁조정의 기일을 다시 정하여야 한다.

④ 자치위원회 또는 교육감은 자치위원회 위원 또는 지역위원회 위원 중에서 분쟁조정 담당자를 지정하거나, 외부 전문기관에 분쟁과 관련한 사항에 대한 자문 등을 할 수 있다. [시행일: 2012. 5. 1.]

제28조(분쟁조정의 거부 · 중지 및 종료) ① 자치위원회 또는 교육감은 다음 각 호의 어느 하나에 해당하는 사유가 발생한 경우에는 분쟁조정의 개시를 거부하거나 분쟁조정을 중지할 수 있다.

1. 분쟁당사자 중 어느 한쪽이 분쟁조정을 거부한 경우

2. 피해학생 등이 관련된 학교폭력에 대하여 가해학생을 고소 · 고발하거나 민사상 소송을 제기한 경우

3. 분쟁조정의 신청내용이 거짓임이 명백하거나 정당한 이유가 없다고 인정되는 경우

② 자치위원회 또는 교육감은 다음 각 호의 어느 하나에 해당하는 사유가 발생한 경우에는 분쟁조정을 끝내야 한다.

1. 분쟁당사자 간에 합의가 이루어지거나 자치위원회 또는 교육감이 제시한 조정안을 분쟁당사자가 수락하는 등 분쟁조정이 성립한 경우

2. 분쟁조정 개시일부터 1개월이 지나도록 분쟁조정이 성립하지 아니한 경우

③ 자치위원회 또는 교육감은 제1항에 따라 분쟁조정의 개시를 거부하거나 분쟁조정을 중지한 경우 또는 제2항 제2호에 따라 분쟁조정을 끝낸 경우에는 그 사유를 분쟁당사자에게 각각 통보하여야 한다. [시행일: 2012. 5. 1.]

제29조(분쟁조정의 결과 처리) ① 자치위원회 또는 교육감은 분쟁조정이 성립하면 다음 각 호의 사항을 적은 합의서를 작성하여 자치위원회는 분쟁당사자에게, 교육감은 피해학생 및 가해학생 소속 학교 자치위원회와 분쟁당사자에게

각각 통보하여야 한다.

1. 분쟁당사자의 주소와 성명

2. 조정 대상 분쟁의 내용

　가. 분쟁의 경위

　나. 조정의 쟁점(분쟁당사자의 의견을 포함한다)

3. 조정의 결과

② 제1항에 따른 합의서에는 자치위원회가 조정한 경우에는 분쟁당사자와 조정에 참가한 위원이, 교육감이 조정한 경우에는 분쟁당사자와 교육감이 각각 서명날인하여야 한다.

③ 자치위원회의 위원장은 분쟁조정의 결과를 교육감에게 보고하여야 한다. [시행일: 2012. 5. 1.]

제30조(긴급전화의 설치 · 운영) 법 제20조의2에 따른 긴급전화는 경찰청장과 지방경찰청장이 운영하는 학교폭력 관련 기구에 설치한다. [시행일: 2012. 5. 1.]

제31조(정보통신망의 이용 등) 법 제20조의4 제3항에 따라 국가 · 지방자치단체 또는 교육감은 정보통신망을 이용한 학교폭력 예방 업무를 다음 각 호의 기관 및 단체에 위탁할 수 있다.

1. 「한국교육학술정보원법」에 따라 설립된 한국교육학술정보원

2. 공공기관의 위탁을 받아 정보통신망을 이용하여 교육사업을 수행한 실적

이 있는 기업

3. 학교폭력 예방에 관한 사업을 3년 이상 수행한 기관 또는 단체 [시행일: 2012. 5. 1.]

제32조(영상정보처리기기의 통합 관제) 법 제20조의6 제1항에 따라 영상정보처리기기를 통합하여 관제하려는 국가 및 지방자치단체는 다음 각 호의 절차를 거쳐 관계 전문가와 이해관계인의 의견을 수렴하여야 한다.

1. 「행정절차법」에 따른 행정예고의 실시 또는 의견 청취

2. 학교운영위원회의 심의 [시행일: 2012. 5. 1.]

제33조(비밀의 범위) 법 제21조 제1항에 따른 비밀의 범위는 다음 각 호와 같다.

1. 학교폭력 피해학생과 가해학생 개인 및 가족의 성명, 주민등록번호 및 주소 등 개인정보에 관한 사항

2. 학교폭력 피해학생과 가해학생에 대한 심의ㆍ의결과 관련된 개인별 발언 내용

3. 그 밖에 외부로 누설될 경우 분쟁당사자 간에 논란을 일으킬 우려가 있음이 명백한 사항 [시행일: 2012. 5. 1.]

부칙 〈제23689호, 2012. 3. 30.〉

이 영은 2012년 5월 1일부터 시행한다. 다만, 제2조, 제13조 제1항, 제17조부터 제23조까지의 개정규정은 2012년 4월 1일부터 시행한다.

저자 소개

* 장희화
청주교육대학교 졸업
청주교육대학교 대학원 졸업(초등상담교육 전공)
전문상담교사 1급 자격증
현재 증평 도안초등학교 근무(교육 경력 28년)

* 최선미
청주교육대학교 졸업
청주교육대학교 대학원 졸업(초등상담교육 전공)
전문상담교사 1급 자격증
현재 진천 옥동초등학교 근무(교육 경력 15년)

* 황은경
춘천교육대학교 졸업
청주교육대학교 대학원 졸업(초등상담교육 전공)
전문상담교사 1급 자격증
현재 청원 신송초등학교 근무(교육 경력 22년)

* 박성희
서울대학교 교육학과 졸업
서울대학교 대학원 졸업(교육상담학 박사)
한국행동과학연구소 책임연구원
미국 위스콘신대학교 상담학과 객원교수
캐나다 브리티시컬럼비아대학교 상담학과
　　객원교수
한국상담학회 수련감독사
현재 청주교육대학교 초등교육과 교수

*저서
공감(이너북스, 2009)
담임이 이끌어가는 학급상담(2판)(학지사, 2009)
현명한 아버지가 아이의 미래를 바꾼다
　　(가야북스, 2008)
〈마시멜로 이야기〉에 열광하는 불행한 영혼들
을 위하여(이너북스, 2008)
동양상담학시리즈 11권(학지사, 2007)
황희처럼 듣고 서희처럼 말하라
　　(이너북스, 2007)
동화로 열어가는 상담이야기(이너북스, 2007)
상담학 연구방법론(학지사, 2004)
공감학: 어제와 오늘(학지사, 2004)
상담과 상담학 시리즈 3권(학지사, 2002)

폭력 없는 평화로운 학교 만들기

초등학생을 위한

학교폭력상담

2012년 5월 25일 1판 1쇄 발행
2013년 4월 10일 1판 2쇄 발행

지은이 • 장희화 · 최선미 · 황은경 · 박성희
펴낸이 • 김진환
펴낸곳 • ㈜ 학지사

         121-837 서울특별시 마포구 서교동 352-29 마인드월드빌딩 5층
대표전화 • 02) 330-5114 팩스 • 02) 324-2345
등록번호 • 제313-2006-000265호

홈페이지 • http://www.hakjisa.co.kr
커뮤니티 • http://cafe.naver.com/hakjisa

ISBN 978-89-6330-951-4 03370
       978-89-6330-950-7 (set)

정가 13,000원